Todo el amor en Poemas

(Ellos)

Antología

Todo el amor en Poemas (Ellos)

Grupo Editorial Tomo, S. A. de C. V.
Nicolás San Juan 1043
03100 México, D. F.

1a. edición, enero 2005.

© 2005, Grupo Editorial Tomo, S.A. de C.V.
Nicolás San Juan 1043, Col. Del Valle
03100 México, D.F.
Tels. 5575-6615, 5575-8701 y 5575-0186
Fax. 5575-6695
http://www.grupotomo.com.mx
ISBN: 970-775-074-X
Miembro de la Cámara Nacional
de la Industria Editorial No. 2961

Proyecto editorial: Luis Rutiaga
Formación y diseño tipográfico: Luis Rutiaga
Diseño de Portada: Emigdio Guevara y Trilce Romero
Supervisor de producción: Leonardo Figueroa

Impreso en México - *Printed in Mexico*

Prólogo

De todas las formas de expresión amorosa que conocemos, quizá ninguna sea tan adecuada como la poesía para dar forma tangible al sentimiento amoroso que aproxima a dos seres humanos, que transforma la esencia misma de las cosas y que es, en suma: risa y llanto, espera y encuentro, búsqueda y extravío, dolor y suspiro, mirada y desdén, recuerdo y olvido.

Escribir poesía es una necesidad del alma sensible a la vivencia diaria; es una condensación de la experiencia, una forma de traducir los sentimientos, de descubrir al ritmo más íntimo las imágenes propias o ajenas y transcribirlas en versos. Es conectarse con el mundo interior y dejar que se asome entre palabras.

Un poema no siempre es un fragmento de la vida del poeta, no tiene que ser su vivencia, pero siempre es una realidad transfigurada, dibujada con los colores, los sentimientos y la intensidad de quien escribe; una realidad tejida a versos que derraman vida, que cuentan un amor, una pena, una alegría, que además podemos hacer nuestra; así, cada vez que leemos o releemos un poema le damos nuestro propio color y sentimiento.

Cada poema lleva una emoción especial, una vivencia, un color que ojalá sepa llegar al corazón de cada soñador que pase por ellos. Acaso sea una redundancia la expresión "poesía amorosa" porque si bien se mira, la poesía es siempre un acto de amor. Tanto ha significado el amor en la poesía, que a menudo amar y escribir versos ha sido todo uno. La poesía amorosa es mucho más que la poesía de un tema de amor.

Habrá que atribuir a los misterios de la poesía amatoria el milagro por el cual el lector, cualquier lector, se considera interpretado por ella o, haciéndola suya, logra experimentar los sentimientos que la han dictado y reconocer acentos de su propia voz, y hasta puede, al leerla, releerla o decirla, sentirse un poco poeta.

Asimismo, aunque el autor logre olvidarlo, el poema de amor tiene un destinatario preciso: por lo general, la amada, una mujer transformada por la poesía en ideal.

Por las cualidades que tiene la poesía amorosa, quien esté dispuesto a amar, puede hacer suyos los más variados sentimientos expresados por los poetas de esta antología y tú, lectora, puedes considerarte la destinataria de estos poemas.

Por ti y para ti, son estas voces.

Luis Rutiaga

José Albi

Poeta, novelista y traductor español nacido en Valencia en 1922. Estudió Derecho en su ciudad natal y Filosofía y Letras en Zaragoza, doctorándose en la Universidad de Madrid. Entre sus publicaciones poéticas merecen destacarse: "Poemas del amor de siempre", "Septiembre en París", "Bajo palabra de amor", "Elegías apasionadas", "Piedra viva", "Elegía atlántica" en 1978, "Javea o el gozo" en 1992, y "Esfinges" en el año 2000.

Estrella de alta mar...

Estrella de alta mar, márcame el rumbo.
Puerta del corazón, dame cobijo.
Enamorada miel, tenme en tus labios.
Arrebatada luz, ponme en tus ojos.
Paloma en libertad, cédeme el vuelo.
Palmera, cielo al fin, hazme a tu imagen.
Ámbito de mi fe, cólmame el gozo.
Y quizá todavía te tenga entre los brazos,
como ayer, como siempre.

¿Oyes los montes? Puede que canten.
Puede que se derrumben,
que se acuerden de ti, que te nombren,
que inventen la palabra burbujeantes, nueva,
como el agua de los neveros despeñándose,
como mi voz en medio de la noche.
—¿Duermes, amor?
No me contesta nadie. Sé que duermes.
Bernia, como un gran perro bajo la luna,
se acurruca a mis pies.
Oigo su palpitar estremecido.
Ifach, allá a lo lejos, se nos hunde en el mar,
golpea las estrellas con su silencio.

Más cerca, las luces chiquitinas,
lentas y fieles de Guadalest.
Vuelvo a rozar tu sueño
tu piel con luna,
los dos ríos lejanos de tus piernas.
Tú, montaña también, valle dormido,
mar toda tú.
—¿Duermes, amor?
Gotea el grifo, ladra un perro
infinito, remoto como la eternidad.
Voy a ciegas, tanteo las paredes
y los acantilados y los vientos.
Te amé, te estoy amando, te estoy llamando.
Sólo un eco de piedra me contesta:
Aytana, Chortá, Bernia...
La casa está vacía.
El silencio respira aquí, a mi lado.

Soneto de la ausencia

¿Me oyes, amor? Hay un fragor de trenes,
o quizá de batanes o de espigas
que te aleja de mí. No, no me digas
que te irás para siempre. Los andenes

se despoblaron. Yo, regreso. Penes
por donde penes, corazón, no sigas,
no te sigas marchando. Más fatigas
y más amor perdido si no vienes.

Ay, dolor, que yo sé lo que me pasa.
Que mi casa sin ti ya no es mi casa,
y el aire ni respira ni madura.

Que estás dentro de mí, pero no basta
aunque te lleve hasta los huesos, hasta
la misma pena que hasta ti me dura.

Definitiva soledad

¿Oyes el mar?
Eternamente estaremos escuchándolo.
Lo llevaremos dentro como la sangre, como la paz
como te llevo a ti misma.
Todo, todo irá acabando: la tristeza, la vida,
la soledad tan grande en que me has dejado.
Sólo el mar, amor mío, el mar sigue existiendo.
Me asomo: lo contemplo desde esta tarde lenta,
desde esta fría y herrumbrosa baranda
adonde no te asomas.

Amor, no estás conmigo. ¿Ves el silencio en torno?
Baja como las olas,
me roza como el río de tu piel,
se aleja para siempre.
Tú, mar, eterno mar de mi sueño,
sueño ya tú, lejana, irremediable.

El viento te acaricia. Yo soy el viento.
Pero estoy solo.
Y tú, tú estás lejana.
Sólo el mar te recuerda, te vive, te arrebata.
Siento tus labios, que es sentirte entera;

siento tu carne, calladamente mía.
Mis manos en el aire te dan vida,
y la playa, ya inútil sin tu huella,
deshabitada y torpe se aleja como el día.
Sólo la tarde existe;
existe y va muriendo. Unos dedos de espuma
me agitan los cabellos;
unas hojas doradas por el sol van cayendo.
Quizá son tus palabras,
quizá el cerco ya inútil de tus brazos.

Escucha, amor, te voy nombrando
como te nombra el mar. Algún abismo
se quiebra no sé dónde, y este mar que respiro
no es el mío
con capiteles rotos y con mirto.
Es tu terrible mar, tu ecuatoriana selva,
como tú, tormentosa;
como tú, quieta, insospechada, dulce,
y otra vez angustiosa y arrebatada. Amor,
me vas muriendo. Este mar que era nuestro
me mira indiferente. Quisiera levantarme
como un viento tremendo
y sacudir las velas, descerrojar los brazos,
morirme a chorros.
Pero sólo el silencio. Yo, acodado en el aire,
contemplo tu recuerdo.
No hay más que arena.
La ciudad, a lo lejos, se desdibuja.
Es un humo borroso como el olvido.
Ahora estiro los brazos y te busco.
Aquí están nuestras rocas.
El mar se mira en ellas;

también te busca.
Una estrella de mar va acariciando mi sombra:
mi sombra que, sin la tuya, no es más que un pozo seco.
Esta tarde es como media vida: la media que me falta.
La que tú te has llevado.
No, no has venido.
Eternamente no vendrás. Caerán constelaciones,
se hundirán montes, siglos, tempestades,
y no vendrás. Y yo estaré mirando
lo que nos une todavía: el mar.
Un buque remotísimo buscará el horizonte;
pasará un pescador con sus cañas al hombro.
Sólo tú no vendrás.
No vendrás nunca.

A brazo partido

Llevo en los huesos tanto amor metido
que sólo en carne viva y a bandazos,
voy capeando el mar de estos dos brazos
entre los que me encuentro sometido.

No, no basta gritar, tomar partido,
morir hasta caerse uno a pedazos;
hay que hundir a caricias y a zarpazos
tu corazón, tu corazón vencido.

Quiero daros la vida que me sobra,
y este amor que me arranca de los huesos.
Vuestro mi corazón, vuestra mi obra
de compartir lo vuestro y nuestro y mío,
consumidos en cólera y en besos.
Sólo a mi amor vuestro dolor confío.

Manuel José Arce

oeta y dramaturgo guatemalteco, nacido en Ciu-
dad de Guatemala en 1935. Fue una de las voces altas de
la cultura guatemalteca. La intensidad y la profundidad
de su obra lo llevaron a obtener importantes premios cen-
troamericanos. De su obra poética se destacan: "En el
nombre del Padre" en 1955, "De la posible aurora" en 1957,
"Cantos en vida" en 1960, "Eternauta" en 1962, "Los epi-
sodios del vagón de carga" en 1971 y "Palabras alusivas
al acto y otros poemas con el tema del amor" en 1978.
Falleció de un cáncer pulmonar en el exilio, en 1985, en
Francia.

Amor, si fueras aire y respirarte

Y si fueras, Amor, vino y beberte.
Si fueras sombra para no perderte.
O si fueras camino y caminarte.
Amor, fueras cantar para cantarte.
Fueras hilo en mis manos y tejerte.
Que mi alimento fueras y comerte.
Si fueras tierra, Amor, para labrarte.
Si fueras para más que para amarte:
Amor, Amor, Amor, si fueras muerte.

Décimas

Manso remanso del río.
Estrella en el cocotero.
Tanta paz cabe en enero
para tanto dolor mío.
Tanto color. Tanto frío.
Cocotero con su estrella.
Camino con tanta huella.
El río con su remanso.
La hamaca con su descanso.
Y yo, aquí, solo, sin ella.

*   *   *

Pasaste como cantando
aquella semana aciaga.
Tú me curaste una llaga
que se me abrió no sé cuándo.
Ya me estaba acostumbrando
al calor de tu cintura,
a tu caliente ternura
y a tu modo de besar.
Pero te empecé a olvidar
con dolor y sin premura.

*   *   *

No sé qué casualidad
te trae hoy a mi recuerdo.
Pero te busco y me pierdo
y sigo en mi soledad.
Sé que es una necedad
querer volver a la infancia
como es, en última instancia,
algo tan torpe y tan fútil
llamarte, porque es inútil:
ya te tragó la distancia.

Hola

Tú, que vienes caminando
desde el fondo de mi vida;
que traes como bandera
la música de tu risa;
tú que en tus ojos escondes
lo que mi alma necesita;
tú, que en mi pecho has vivido
por años como dormida
y hoy me despiertas de golpe
hasta que no da cabida
mi pequeño corazón
para esta explosión de dicha.
Eres el río al que quise
ponerle diques un día.
Hoy que subió tu corriente
ya no hay diques que resistan.
En la casa de mi pecho,
en mi sueño y mi vigilia,
en las calles de mis manos,
en la ciudad de mis días,
en la patria de mis pasos
y en el país de mi vida
ven, entra y manda: es tu reino,
tu victoria, tu conquista.

Masacre en el dormitorio

Estábamos tranquilos,
dulces y agradecidos
con nuestras simples vísceras que nos dieron pretexto
para satisfacerlas.
Y estábamos haciéndolo
contentos.

Y he aquí que de pronto,
sin previo aviso
y sin pedir permiso, todos ellos
han venido a meterse en nuestra propia cama,
aquí,
entre nuestras sábanas,
y ponen los zapatos en la almohada
— donde pusiste el sueño —
y amenazan quebrar la cabecera
que me costó serruchos y martillo.
No nos dejan estar,
nos registran los pelos de las ingles en busca del pecado,
sacan el código y el dedeté,
la indagación y los escapularios.
Yo no sé
ni me importa

si es que tienen derecho.
Me consta, nada más, que me son antipáticos,
que me molestan como las agruras
y los soporto sólo por ver si los alejo.

Son un tropel de gansos metidos en la cama,
graznan y ensucian todo con sus patas palmípedas,
amenazan con picos y miradas
y me parece que te me acobardan.

Lo único que quiero es besarte completa,
y poderme acostar sobre tu vientre
y saberte feliz de estar conmigo.

Amarte sin sofisma ni retórica.

Llenar los dos desnudos nuestra cama.
Creo que es suficiente.

No sé qué hacer con todos estos molestos pajarracos.
Miedo de que te lleven.
De que no nos permitan terminar nuestro abrazo.
Nos están estorbando.
No sé cómo espantarlos.

Creo que ahora mismo me sacaré los ojos.

Si sólo pudiera verte

Si sólo pudiera verte
y sólo escuchar tu risa.

Si sólo fuera la brisa
que en tu pelo se divierte.

Si sólo fuera el inerte
ladrillo que tu pie pisa

o el agua que se desliza
sobre ti sin conocerte.

Si sólo fuera el no verte,
mas sin la muerte y la prisa.

Toda tú

Toda tú eres santuario,
toda blanca;
se ha llenado tu cuerpo de designios.
Tienes la santidad de la esperanza
y la paz
generosa
de los lirios.
Toda tú eres milagro,
das tu lecho
de altas arenas
al naciente río;
enciendes en tu sangre
el claro fuego
y con tu carne pueblas el vacío.
Toda tú,
fervorosa,
temerosa,
frente a tu propio territorio vivo,
junto a los ventanales de tu alma,
bajo la blanca sombra de tu espíritu.
Toda tú,
niña,
blanca,

inmaculada,
santificada en el minuto limpio;
más mujer que la tierra,
más fecunda,
innumerable y grave
como un libro.

Cimiento de las horas,
silenciosa;
vértice de mi amor,
toda camino,
toda
inmanchable altura,
toda tiempo,
inflamada de vida,
toda
río.

Miguel Arteche

*P*oeta, ensayista y narrador chileno nacido en Nue-
va Imperial en 1926. Cursó Humanidades en el Instituto
Nacional de Chile y luego estudió Literatura y Estilística
en la Universidad Central de Madrid. Entre su obra se
destacan: "Invitación al olvido" en 1947, "Antología de
veinte años" en 1972, "Noches en 1976" y "Tercera anto-
logía" en 1991.

Amargo amor

Teje tu tela, teje de nuevo tu tela;
deja que el mes de junio azote el invierno de mi patria;
teje la tela de acero y de cemento;
junta tus hilos uno a uno, oh hermoso tejedor;
forma tu tela con fuertes lazos,
con orgullosos rastros de sueño.

Toda la tierra está en las colas del amor;
en las ciénagas del amor podridas están las manzanas.
Cada día tiene un eco, un paso, un rastro, gemido;
cada día la estancia recibe la visita del cuerpo en el lecho;
cada día hay una mano que desnuda;
cada día descansa la ropa en las sillas brillantes por el polvo.
Teje tu tela, oh hermoso tejedor;
teje los restos de los cuerpos que se unieron.

Entre tus hondos pechos de relámpagos quietos,
entre tu vientre oculto de cesto dividido,
en la cálida ráfaga que viene de tu abrazo,
fui un día tu sombra, el "cuándo" entristecido,
el "adónde" que lleva hacia una muerte cierta.
Ya moriré algún día sin preguntar qué pasa,
qué pasa entre tus hombros, en el temblor de espiga

de tu escorzo de nieve,
qué viene por los ecos que acarician tu pelo,
qué flechas encendidas acumulan tus manos,
qué enamorado encuentro ha de tocar tu beso.

No es para volver, no es para cantar
sino tu verde corazón transfigurado,
la melodiosa sombra que duerme en tus pupilas,
el afán escondido que tenía tu ausencia.

Recógeme, amor mío, con tus cálidas plumas;
recógeme y húndeme tu ternura llagada;
colócame en tu olvido, recógeme cantando.
No es para que preguntes, no es para que indagues
el sitio donde puse mi corazón hundido;
recógeme, ahora, para estar en lo ausente,
sin preguntar qué ocurre, qué pasa, por qué vuelves
tu cabeza de ausente firmamento.

Cae ahora hacia mi lado; vuelve
a dividir tu cuerpo, a derramar tu furia,
hasta que te estremezca el nombre del combate
que a muerte libraremos, esa pasión a muerte
entre tú y yo: un huracán de manos
nos hallará apretados en los dones sin término
de una tierra total.

Canción a una muchacha ajedrecista

Llueve sobre el verano del tablero.
En blanco y negro llueve sobre ti.
Nadie controla tu reloj: te espero
para jugar allí.

¿Tú mueves o yo muevo? Quién lo sabe.
Quién sabe si allá juega o juega aquí.
De pronto tu tablero es una nave
que te lleva y nos lleva hacia un jardín.

Hacia un jardín remoto de caballos
que inmóviles nos miran, y a un alfil
que negro lanza rayos, rayos, rayos,
y hace mil años que está de perfil.

Hacia un jardín remoto de tres torres
donde una dama blanca va hacia ti,
te llama a ti, y tú hacia ella corres
y no hay en ella fin.

Donde un peón ha roto ya los sellos
y te ciñe las sienes de marfil,
y un rey recoge ahora tus cabellos
para cubrir con ellos su país.

Hacia un jardín remoto al mediodía,
donde el agua se tiende en su dormir,
y ya no hay sed y nunca hay todavía
y hay un árbol de sol en el jardín.

Sólo que tú no estás. Y está la luna
cayendo interminable en el jardín
sobre las soledades de una cuna.
Y hay olor de silencio y de partir.

Dama

Esta dama sin cara ni camisa,
alta de cuello, suave de cintura,
tiene todo el temblor de la hermosura
que el tiempo oculta y el amor desliza.
Esta dama que viene de la brisa
y el rango lleva de su propia altura,
tiene ese no sé qué de la ternura
de una dama sin fin, bella y precisa.
Aunque esta dama nunca duerma en cama
parece dama sin que sea dama
y domina desnuda el mundo entero.
Esta dama perdona y no perdona.
Y para eso luce una corona
esta dama que reina en el tablero.

La encantada

La encantada, la ofendida,
la trocada y trastocada,
la que a mí me mudaron
como árbol sin hojas,
como sombra sin cuerpo.
Dios sabe si es fantástica o no es fantástica,
si en el mundo se encuentra o no se encuentra.
La que veo y se esconde,
la que los niños siempre miran,
la que jamás verán los mercaderes,
la que aparece
y desaparece.
La que conmigo muere
y me desmuere.
La visible,
la invisible
Dulcinea.

Lágrimas que dejé

Lágrimas que dejé tras la montaña.
Ojos que no veré sino en la muerte.
A través del adiós, ¿quién me acompaña
si mis ojos que ven no pueden verte?
Lágrimas y ojos que estarán mañana
tan atrás del ayer.
Aquí, donde no se abre la ventana:
aquí la tierra mana
lágrimas y ojos que no te han de ver.

No hay tiempo...

No hay tiempo si en el agua de diamante
que roza nuestros cuerpos
tú y yo nos sumergimos:
el agua tuya con el agua mía
de tu boca , y apenas el hundir
de los secretos labios en el mar.
Sólo tu piel abierta
como la abierta noche de la noche
donde tus muslos amanecen.
Y el silencio en los olivos.

Noche perdurable

Apóyate, noche, sobre nuestros pechos: éntranos
en tu centelleante oscuridad.

Noche de los amantes que yacen sepultados,
noche de la serpiente que nos acecha siempre.
Solemne y alerta
apóyate para cantar en nuestros pechos. Apoya
tu cabeza en los muslos del solitario:
hazlo fulgir, haz que su llama brille un momento,
haz que su fuego se eleve a tu cabello estrellado.
Sobre las llamas de nuestras vidas desiertas,
tú, la gran errante, vienes sobre nosotros.

Si no es a oscuras

Si no es a oscuras no te veo.
Si no es a noche no te alcanzo.
Si no es en ay donde me tiemblo.
Si no es perdido cuando parto.
Si apenas agua sobre el fuego.
Si apenas fuego sin la mano.
Si apenas mano con el beso.
Si no es perdido cuando parto.
Si apenas siempre cuando encuentro.
Si nunca encuentro cuando espero.
Si toda muerte en el abrazo.
Si nunca llego cuando llego.
Si nunca muero cuando muero.
Si no es perdido cuando parto.

Miguel Rash-Isla

Poeta y ensayista colombiano, nacido en Barranquilla en 1889. Autor de una vasta obra poética y de numerosos ensayos, brilló con luz propia en el panorama literario de su época. De su obra merecen destacarse los poemarios "A flor de alma", "Cuando las hojas caen", "Para leer en la tarde" y "La manzana del Edén". Falleció en 1953.

Edén de los edenes

En la grata penumbra de la alcoba
todo, indecisamente sumergido
y ella, desmelenada en el mullido
y perfumado lecho de caoba;
tembló mi carne enfebrecida y loba,
y arrobeme a su cuerpo repulido
como un jazminero florecido
una alimaña pérfida se arroba;
besé con beso deleitoso y sabio
su palpitante desnudez de luna
y en insaciada exploración, mi labio
bajo al umbroso edén de los edenes
mientras sus piernas me formaban una
corona de impudor sobre las sienes....

Iniciación

Sobre el busto de mármol se contornan los senos,
y apartando con nimias complacencias la bata,
succiono los erguidos pezones de escarlata:
pomos donde se acendran invisibles venenos.
Ella ciñe los muslos, vigorosos y plenos,
donde el sexo apremiado se defiende y recata,
mientras se contorsiona con lujurias de gata,
al roce de mis labios que la exploran obscenos.
A un desmayo de toda su belleza vibrante,
logra mi mano intrusa desligar un instante
de sus piernas esquivas el frenético nudo.
Y de todas mis ansias en el ímpetu ciego,
busco el cáliz virgíneo de su cuerpo desnudo,
y a una lenta tortura de puñales le entrego.

Las manzanas del edén

A ti viciosamente me encadena,
tu cuerpo insano en que la muerte aspiro:
eres sierpe o mujer, hada o vampiro,
o ángel con maleficios de sirena?
Da sopor como un vino tu melena;
quema como una brasa tu suspiro;
tu beso, que es voraz, quita el respiro,
y tu aliento, que es de áspid, envenena.
En el lecho te ciñes a quien te ama,
convulsa y frenética, lo mismo
que a seco tronco enardecida llama.
Y cuando amor en tus entrañas siembra,
se siente un frío vértigo de abismo
sobre el abismo de tus muslos de hembra.

Dualidad fatal

Cuando se daba entera a mi albedrío,
muchas veces salí de entre sus brazos
con mi pobre ilusión hecha pedazos
y con el corazón turbio de estío.
Y hoy que, por propio o por fatal desvío,
de otro amor se adormece en los regazos,
como quisiera renovar los lazos
de aquel amor que me atedió por mío.
Oh dualidad entre infernal y loca:
padecí taciturno desaliento
siempre que un beso desfloré en su boca.
Y cuando ajena a mi ansiedad la siento,
dar la vida y el alma me provoca
por besarla otra vez sólo un momento.

Espasmo

Después de que con lúbrico recreo
ávidos besos en tu boca imprima,
como quien logra ambicionada cima
te escalaré en la fiebre del deseo.
Buscaré el montecillo del Himeneo
donde celoso musgo lo escatima,
y en contubernio de tu carne opima
llegaré de deleite el apogeo.
Pasado el lujurioso escalofrío,
sentiré ante tu carne poseída
odio a tu cuerpo, repugnancia al mío;
y también la congoja repetida
de ver que sólo al destilar hastío
se abre, mujer, tu impenitente herida.

Tus ojos

Estábamos a solas en el parque silente
la tarde en desmayadas medias tintas moría,
y era tal el encanto que en las cosas había
que daban como ganas de besar el ambiente.
Primavera llegaba y el retoño incipiente
—anuncio placentero de la flor— verdecía,
y el alma contagiada del milagro del día,
florecía lo mismo que el jardín renaciente.
Ella escrutaba el cielo con fijeza tan honda,
que el verdor transparente de sus ojos letales
tomó de pronto un verde sensitivo de fronda.
Yo la miré y ansioso de halagar sus antojos,
la dije ante los tiernos brotes primaverales:
—Esta vez ha empezado la estación en tus ojos.

El tesoro

Dos columnas pulidas, dos eternas
columnas que relucen de blancura,
forja la línea irreprochable y pura,
como trazada en mármol, de tus piernas.
Con qué noble prestigio las gobiernas
cuando al marchar, solemne de hermosura,
imprimes a tu cuerpo la segura
majestad de las Venus sempiternas.
Y cuando, inmóvil, luminosa y alta,
en desnudez olímpica te ofreces,
entre tus muslos de marfil resalta,
como una sombra, el bosquecillo terso
de ébano y seda, bajo el cual guarneces
el tesoro mejor del universo.

El secreto

Guardo en mi triste corazón inquieto
un recóndito amor. Nadie lo ha visto
ni lo verá jamás, pues lo revisto
—para hacerlo más mío— del secreto.
Ella lo inspira en mí, pero discreto
nunca lo nombro ni en mirarla insisto
cuando, por un feliz don imprevisto,
de su vago mirar soy el objeto...
Callada vive en mis ensueños como
en virgen concha adormecida perla,
o leve aroma en repulido pomo.
Y si presiento en mi inquietud perderla,
a el alma bajo y con temor me asomo,
para poder, sin que me miren, verla.

Vals nocturno

En la paz de la alcoba sosegada,
bajo la media noche en agonía,
llega a mí, desde incierta lejanía,
una llorona música olvidada.
Entra en mi corazón como una alada
saeta de letal melancolía,
porque recuerdo que cuando eras mía,
si algo nos supo unir fue esa tonada.
El vals — lírica flor que se deshoja —
se va apagando al fin y una congoja
mortal deja en la noche difundida...
Yo un infinito desamparo siento,
y es que a veces un vals que va en el viento,
¡suele ser, más que un vals, toda una vida!

El retrato de la amada

Ella es así: la frente marfileña,
a sol bruñidos los cabellos de oro,
y dichoso compendio del sonoro
brazo de un arpa la nariz risueña.
Su perfil reproduce el de fileña
concha de mar en que durmió un tesoro,
y los hombros, de helénico decoro,
son dignos de un reposo de cigüeña.
Es tan blanca, que a veces se confunde
su cuerpo con la luz, en lo que mira
una instantánea castidad infunde;
a su lado inocencia se respira,
y en conjunto feliz ella refunde
nieve, perla, ave, flor, ángel y lira.

*   *   *

Ella es así: por donde pasa deja
de subyugante sencillez la nota;
cada expresión que de sus labios brota
algún móvil purísimo refleja.
Nunca turba su voz áspera queja;
nunca innoble pesar su alma denota;

donde impera la sed, ella es la gota;
donde falta el panal. ella es la abeja.
La intimidad de los jardines ama;
ingenua devoción le inspira el arte
que en el dolor de sus bálsamos derrama.
Cual pan de Dios la comprensión reparte;
si dicha no le doy no la reclama,
mas si alguna le dan, tengo mi parte.

Tu palidez

Tu noble palidez forma tu encanto:
es como aquella palidez extraña
del lirio matinal de la montaña
que al reflejo del sol sufre quebranto.

A veces logra esclarecerse tanto
que tu sutil respiración la empaña,
y otras adquiere, si la luz la baña,
la transparencia rútila del llanto.

Todo en mí se ilumina al contemplarte,
y, arrobado en tu faz, pienso que alguna
noche la luna te nevó al mirarte,

o que por rara y singular fortuna,
sintiéndose mujer, quiso imitarte
y osó tomar tu palidez la luna.

Tu boca

Escollo de buriles y pinceles,
es tu boca una vívida granada
que pide, tentadora y encarnada,
un beso audaz que la disuelva en mieles.

Cuando a la risa abandonarte sueles,
difunde en rededor tu carcajada
el grato olor a fruta sazonada
que hay en la intimidad de los vergeles.

Es abreviada gruta de frescura,
constreñido paréntesis de flores,
animado jardín en miniatura.

La besara con férvido embeleso
para sentir, muriéndome de amores,
la eternidad en lo fugaz de un beso.

Grito de amor

Qué demencia, con soplo arrebatado,
me impulsa a ti en un vértigo? Lo ignoro,
sólo sé que te ansío, que te adoro,
y que en ti el universo he compendiado.

Tu hechizante beldad brilló a mi lado
y no la supe ver; perdí el tesoro
de tu belleza espléndida; y hoy lloro
la infausta ceguedad de mi pasado.

Mejor así: te ennobleció la vida
en la cruz del pesar, y al encontrarte
te siento a mí por el dolor unida.
Hago de tu dolor sangre del arte,
y te amo con amor cuya medida
se extiende al tiempo que dejé de amarte.

Silueta

Es tierno su mirar; su voz discreta;
del bohemio vivir tiene el encanto
y en el rostro de nácar el quebranto,
la marchitez de lánguida griseta.

Ilusiona mi vida y la completa,
y, una con mi sentir, canta si canto;
y si me ve llorar, corre su llanto
por mi abatida frente de poeta.

Ama todo lo que amo; el silencioso
vagar nocturno; el organillo errante,
el barrio extremo; el cafetín dudoso,

sólo ignora una cosa: su belleza,
y recibe, con plácido semblante,
el regalo casual de mi pobreza.

El nido

Cuando llegué a tus brazos, mi corazón rendido
venía del desierto de una pena tenaz;
tus brazos eran tibios y muelles como un nido,
y en ellos me ofreciste la blandura y la paz.

Con fatiga del mundo, con nostalgia de olvido,
escondí entre tus senos perfumados la faz,
y me quedé sobre ellos dulcemente dormido,
como un niño confiado sobre un valle feraz.

Quiero que así transcurra la vida que me resta
por vivir: sin anhelos, sin dolor, sin protesta,
sintiendo que tú encarnas mi insa,ciado ideal.

y cuando ya la muerte se llegue cautelosa,
pasar, como en un sueño, de tus brazos de rosa,
a los brazos solemnes de la noche eternal.

Amor errante

Así dijo en la noche, desolado, el viajero:
vengo de las diversas comarcas del amor;
crucé por muchas almas y en todas fui extranjero;
de todas salí siempre con fatiga y dolor.

Vi en los ojos más claros un mirar traicionero,
y en las bocas más frescas hallé el mismo sabor;
no hubo brazos capaces de hacerme prisionero,
ni carnes que temblaran con un nuevo temblor.

De una mujer en otra fui pasando y en cada
una dejé una parte de mi vida inmolada...
Ya no tengo que darles ni espero que me den.

Sólo con los amores que he soñado me quedo,
y con el tuyo ¡oh muerte! aunque me causa miedo
que tus labios destilen sólo tedio también.

Obsesión

Nunca te encontraré; nunca a mi lado
veré fulgir tu cándida silueta,
novia de mis ensueños de poeta,
que a través del vivir tanto he buscado.

Con insistente afán alucinado,
bajé a la sima y ascendí a la meta,
y en ninguna mujer te hallé completa:
en todas ¡ay de mí! te he equivocado.

Ya no te busco. ¿Para qué? Vendrías,
envuelta en engañosas fantasías,
a darme la ilusión de que ella eres,
mas al tocar tu frágil hermosura,
sentiré renovarse la amargura
que en mí dejaron las demás mujeres.

Luis Zalamea Borda

Poeta, traductor y novelista colombiano nacido en Bogotá en 1921. Perteneciente a una familia de gran abolengo, recibió una esmerada educación, convirtiéndose en un gran exponente de la literatura colombiana de la vieja guardia. Es autor de varias novelas, ensayos y traducciones que le han merecido el reconocimiento internacional. "Requiem Neoyorquino y otros poemas", "Voces en el desierto" y "El círculo del alacrán", hacen parte de su exitosa obra.

A una mujer cosmopolita

Nueva, impoluta, pura,
compañera de mañaneras risas,
lejana madre-niña, fuente de la ternura,
ancla de nuestras lágrimas y mutuo desvarío.
Así quisiera verte.
Mitad ardilla en medio de los sueños,
hembra fundamental, valerosa argonauta,
¿cuántas veces llevaste la tristeza a calles
    cenicientas
fundiéndote en la noche con la ciudad de llanto?
Volver, volver a ti, quisiera.
Encendida matriz de rebeldes destellos,
cuajada soledad que ni los gritos rompen,
pirámide aislada, taciturna y urbana.
Ante tu recia rosa se estrella la nostalgia.
Mas así no te quiero.
Quisiera verte nueva, lavada por el alba.
Limpia tu alma de hollín cosmopolita,
como en la mañana verde que se pierde
en el trópico,
donde el amor ya juega y la ternura nace.
Así, así quisiera verte.
Oh antigua capitana de mi bajel vagante

déjame que te conduzca a la escondida rada.
Oh niña ardilla que una vez fuiste mía:
déjame que cure tus heridas noctámbulas.
Y entonces, quizás, una vez más te vea
—tus antiguas formas vuelvan
poco a poco a mis manos—
nueva, impoluta, pura... colmada de esperanza.

Amor salvaje

¡Ah, qué nidada de caricias salvajes descubrí!
Guardadas en tu bosque, desde el alba del mundo,
esperaban la mano que llegara a arrancarlas,
la mirada que las volcara sobre tus venas todas,
el temblor que iniciara tu espasmo y tu locura.

Vaivén en tus pupilas despertadas,
ojos que danzan al ritmo de los hombros,
larga piel en su raíz estremecida,
la ansiosa estalactita del deseo,
caracol que se incrusta en las orejas;
tus ojos súbitos, terribles. ¡Ah tus ojos!
 Y locura, embeleso y más locura.

Pantera que se escapa, cervatilla rendida,
la sierpe envolvente de tus brazos,
abrazo de mil lianas zapadoras,
largo césped donde los senos nacen,
ensenada candente de los muslos,
playa con la blanca tersura de tu vientre.
 Y locura, ternura y más locura.

Cadencia resonante de músicas selváticas,
tambor noctambulario suena sobre tu espalda,

la flauta imperceptible del suspiro,
largos gemidos de destrozados labios,
y el grito sempiterno, tan guardado,
al fin la noche rompe en agudos pedazos.
Y locura, cadencia y más locura.

Cavernas, grutas, lagos, musgos leves;
hongos colgantes, zarzas en tu boca;
frutos ignotos, zumos descubiertos;
mieses en la alborada, sed que ya se apaga;
venas que se rebelan, sangre libertada;
yegua ululante, jinete que espolea.
Y locura, locura y más locura.

¡Ah qué nidada de caricias salvajes descubrí!
¡Y qué voces intactas en tus prístinos fondos!
¡Y qué flores que se abren al tacto de mis manos!
Salvaje mía: ¡ámame así, envuélveme en tu bruma!
¡Y bebamos del manantial de esta locura primitiva!

Ínsula

Mujer mía:
quiero que tú y yo limitemos
a una isla,
unidas, nuestras dos vidas
para descubrir las razones
de Dios
dentro de sus confines,
para cantar nuestra pasión
en cada cresta
del limpio oleaje matutino
y dejar en cada promontorio
la huella de una caricia apresurada.
Para que nuestro amor
tenga en el mar una muralla
contra los hombres,
contra todos sus odios,
y su envidia.

Quiero que conozcas
y llegues a hacer tuyas
las cosas básicas,
de todo adorno limpias
y de toda doblez ya cercenadas:

el mar, la tierra, el hambre,
el sexo, la muerte y el dolor.
Yo sé que siempre has vivido
en la penumbra de las grandes ciudades,
pero tienes el corazón lleno de espigas
y colmadas tus venas
de una ansiedad bucólica.
Quiero que te enseñen
su canto los alisios
y que te enamores del mar.
Quiero que dejes a un lado las sandalias,
que tus pies desnudos a toda hora sientan
el roce de la tierra,
el latigazo de los guijarros ocultos en la playa,
la caricia empalagosa de las algas
escapadas del mar a las arenas.

Te haré conocer todo lo que es el agua:
el agua masculina del mar,
violando escollos.
El agua que deforma el litoral
con su tenaz abrazo.
Agua feraz flotante,
salpicada de flora, de residuos.
Agua toda mar, toda sal, toda crustáceo.
También conocerás, como tu única doncella,
el agua hembra de los arroyuelos
y en su mirada contemplarás tu rostro,
junto a su fondo mismo,
y sentirás su confidencia de silencio.
También hay agua que brotará
del manantial de tus ojos,
bajo la leve insurrección de tus pestañas,

cuando sientas que los límites de tu cuerpo
no pueden sujetar ya todo tu amor
y quieras explotar como una fuente,
de agua también,
y de agua arrolladora.
En la soledad; al acercarse mi presencia,
percibirás el terciopelo del aguamiel
que dilata tus pétalos completos.
Y, después, la catarata de las aguas madres
al romper tus contornos la huida de mi hijo.

Aprenderemos la lengua vegetal
para olvidar la zozobra del idioma de los hombres.

Lanzaremos voces a los manglares
para hablar con las lianas en su fuga,
enterneciéndonos ante el senil ronquido
de los ancianos de la selva,
zapados por el abrazo de orquídeas concubinas.
No tendrán entonces, en el alba,
secreto alguno el tamboril discurso
de hongos parlanchines,
ni nos será extraño el quejido angustioso
del árbol de la cera al fustigarlo el vendaval.

Nos alimentaremos de las cosas del mar,
de los frutos moluscos que hierven en la arena,
y exprimiremos el jugo de las palmas
para acosar la sed y endulzar las veladas.
De luz y mar embriagaremos nuestros días,
en duales festivales dionisiacos,
respirando esencial libertad,
libertad libre de toda angustia,

de la civilización ya para siempre separada.
"Éste es el universo", te diré
mostrándote un grano de arena.
En sus contornos de lechosa perla
verás el reflejo de movimientos cósmicos,
conocerás las nebulosas que en voluta se escapan
y aprisionarás en tu mirada
el lento paso de las constelaciones.
"Ésta es la vida plena", te diré
enseñándote una hoja de higuera.
En los capilares donde corre la savia, juguetona,
mezclándose con el obsequio del sol,
observarás la maravilla de lo eterno
y en sus distintos verdes fondearás en la laguna
de la vida,
anclada al recio atolón
de Dios.

En esa isla quiero que tú y yo,
en esencial conjugación,
asistamos al paso imperceptible de los días,
en mezcla de azul, miel, cielo, agua y arena,
hasta que surja, también del mar,
la muerte,
que habrá de ser un cómplice en la huida.

Despedida

Te fuiste.
Como se va la primavera.
Como se van todas las cosas.
Como se pierden en el mar las velas.
Y yo me quedé solo,
con las uñas clavadas en la arena,
viendo cómo se alejan las mareas.

Te fuiste.
Ni tu nombre recuerdo,
ni el color de tus ojos.
Sólo que por las tardes leíamos a Neruda;
aún me llega el timbre de tu voz profunda,
y el alarido de tu dicha, suelto,
huyendo a medianoche por la playa.

Te fuiste.
Irremediablemente huiste de mi vida.
Fue el océano tu cómplice fortuito:
zarpaste al borde de un balandro cualquiera
una tarde cualquiera.
Yo me quedé sobre la playa dilatada,
salpicado de ocaso, solitario en la arena.

Te fuiste.
Nos habíamos amado con la furia de los 25 años.
Todo fue cerca al mar:
besos de sal y yodo,
mordiscos de medusa enloquecida,
saltos de delfines en celo,
abrazos hasta brotar la sangre marinera.

Te fuiste.
Como se fueron también la rada familiar,
las velas madrugadoras de los camaroneros,
el lecho duro de nuestros combates clandestinos.
Hasta el mar cambió de rostro y de fragancia;
la codicia del hombre corrompió las aguas.
El aire mismo se llenó de venenos y de miasmas.

Te fuiste.
Como se van todas las cosas.
Y yo me quedé solo,
con las uñas clavadas en la arena,
viendo cómo se alejaban las mareas.

Manuel Altolaguirre

Poeta español nacido en Málaga en 1905. Antes de los veinte años fundó su primera revista de poesía. Viajó posteriormente a Francia e Inglaterra, y allí fundó su propia imprenta. En 1939 abandonó a España, definitivamente, y fijó su residencia en México, dedicándose al final de su carrera a la dirección cinematográfica. En 1959 durante una visita a España, falleció en un accidente automovilístico en la ciudad de Burgos. Entre sus obras más reconocidas, se encuentran: "Soledades juntas", "Vida poética" y "Poema del agua".

Las caricias

¡Qué música del tacto
las caricias contigo!
¡Qué acordes tan profundos!
¡Qué escalas de ternuras,
de durezas, de goces!
Nuestro amor silencioso
y oscuro nos eleva
a las eternas noches
que separan altísimas
los astros más distantes.
¡Qué música del tacto
las caricias contigo!

Beso

¡Qué sola estabas por dentro!
Cuando me asomé a tus labios
un rojo túnel de sangre,
oscuro y triste, se hundía
hasta el final de tu alma.
Cuando penetró mi beso,
su calor y su luz daban
temblores y sobresaltos
a tu carne sorprendida.
Desde entonces los caminos
que conducen a tu alma
no quieres que estén desiertos.
¡Cuántas flechas, peces, pájaros,
cuántas caricias y besos!

Transparencias

Hice bien en herirte,
mujer desconocida.
Al abrazarte luego
de distinta manera,
¡qué verdadero amor,
el único, sentimos!
Como el mueble y la tela, tu desnudo
ya no tenía imponencia bajo el aire,
bajo el alma, bajo nuestras almas.
Nosotros ya no entendíamos de aquello.
Era el suelo de un ámbito
celeste, imponderable.
Éramos transparencias
altísimas, calientes.

Abandono

¡Qué dulce dolor de ancla
en el corazón sentías!
Tu corazón reteniendo,
duro coral, mi partida.
Ahogada en amor, tu amor
como un mar me sostenía.
Altos vientos me empujaron
solitario a la deriva.
Si mi nave se fue lejos
más profunda quedó hundida
tu dura rama de sangre,
rota el ancla de mi vida.
Solo, entre las grises nubes
que mis sienes acarician,
sin ti voy por entre nieblas
recordando tu agonía.

Fuga

Al ver por dónde huyes
dichoso cambiaría
las sendas interiores de tu alma
por las de alegres campos.
Que si tu fuga fuera
sobre verdes caminos
y sobre las espumas,
y te vieran mis ojos,
seguirte yo sabría.
No hacia dentro de ti,
donde te internas,
que al querer perseguirte
me doy contra los muros de tu cuerpo.
No hacia dentro de ti,
porque no estemos:
tú, pálida, escondida,
yo como ante una puerta
ante tu pecho frío.

Tus palabras

Apoyada en mi hombro
eres mi ala derecha.
Como si desplegaras
tus suaves plumas negras,
tus palabras a un cielo
blanquísimo me elevan.
Exaltación. Silencio.
Sentado estoy a mi mesa,
sangrándome la espalda,
doliéndome tu ausencia.

Noche a las once

Éstas son las rodillas de la noche.
Aún no sabemos de sus ojos.
La frente, el alba, el pelo rubio,
vendrán más tarde.
Su cuerpo recorrido lentamente
por las vidas sin sueño
en las naranjas de la tarde,
hunde los vagos pies,
mientras las manos
amanecen tempranas en el aire.
En el pecho la luna.
Con el sol en la mente.
Altiva. Negra. Sola.
Mujer o noche. Alta.

Vete

Mi sueño no tiene sitio
para que vivas. No hay sitio.
Todo es sueño. Te hundirías.
Vete a vivir a otra parte,
tú que estás viva. Si fueran
como hierro o como piedra
mis pensamientos, te quedarías.
Pero son fuego y son nubes,
lo que era el mundo al principio
cuando nadie en él vivía.
No puedes vivir. No hay sitio.
Mis sueños te quemarían.

Amor

Mi forma inerte grande como un mundo
no tiene noche alrededor ni día,
pero tiniebla y claridad por dentro
hacen que yo, que tú, vivamos.
Mares y cielos de mi sangre tuya
navegamos los dos. No me despiertes.
No te despiertes, no, sueña la vida.
Yo también pienso en mí cuando te sueño
y robo al tiempo todas mis edades
para poblar mis íntimas moradas
y acompañarte siempre, siempre, siempre.

Fin de un amor

No sé si es que cumplió ya su destino,
si alcanzó perfección o si acabado
este amor a su límite ha llegado
sin dar un paso más en su camino.
Aún le miro subir, de donde vino,
a la alta cumbre donde ha terminado
su penosa ascensión. Tal ha quedado
estático un amor tan peregrino.
No me resigno a dar la despedida
a tal altivo y firme sentimiento
que tanto impulso y luz diera a mi vida.
No es su culminación lo que lamento,
su culminar no causa la partida,
la causará, tal vez, su acabamiento.

Contigo

No estás tan sola sin mí.
Mi soledad te acompaña.
Yo desterrado, tú ausente.
¿Quién de los dos tiene patria?

Nos une el cielo y el mar.
El pensamiento y las lágrimas.
Islas y nubes de olvido
a ti y a mí nos separan.

¿Mi luz aleja tu noche?
¿Tu noche apaga mis ansias?
¿Tu voz penetra en mi muerte?
¿Mi muerte se fue y te alcanza?

En mis labios los recuerdos.
En tus ojos la esperanza.
No estoy tan solo sin ti.
Tu soledad me acompaña.

El ciego amor no sabe de distancias...

El ciego amor no sabe de distancias
y, sin embargo, el corazón desierto
todo su espacio para mucho olvido
le da lugar para perderse a solas
entre cielos abismos y horizontes.
Cuando me quieres, al mirarme adentro,
mientras la sangre nuestra se confunde,
una redonda lejanía profunda
hace posible nuevas ilusiones.
Ser tuyo es renacerme porque logras
borrar, hundir, que se retiren todos
los espejos, los muros de mi alma.
Blancura del amor. Con cuánto fuego
se anunció tu presencia. Tengo ahora
la luz de aquel incendio y un vacío
donde esperar, donde temer tu vida.

Tuvo mi amor la forma de la vida...

Tuvo mi amor la forma de tu vida.
Nunca el olvido le cerró los labios
a la estela ni al cauce, ni a la gruta
que atravesabas tú; límite era
que se quedaba estático afirmando
contra el tiempo engañoso una perenne
honda oquedad tan fiel a tu persona
que más que ausencia un alma parecía.
Ven a buscarme. Tengo yo la entrada
de tus recuerdos, quietos, encerrados
en mis caricias: forma de tu vida.

Las sendas que me obligo...

Las sendas que me obligo
a recorrer por ti,
no las borra la vida,
y en vez de flores, una venda,
dura como una máscara,
va dividiendo el campo.
Quisiera haber nacido junto a ti,
vivir de rama en rama, sin caminos,
pero veo la distancia, el no alcanzarte
y peregrina el corazón pisando rosas
y llega al tuyo cuando sueña
dentro de una ciudad donde aplastado
quedó el verdor, la risa, las colmenas.
En ellas se enredaron los caminos
y la tierra ofendida quedamente
lanza leves suspiros, sus jardines;
sus torres que desprecios a la brisa
hacen inmóviles
voces de bronce dan
para anunciar las nuevas tumbas.
Yo sé por qué la tierra enfurecida
a veces tiembla y rompe las ciudades:
alguien responde al llanto de las yerbas

que no pueden nacer bajo las losas.
Las pisadas del hombre van dejando
su estéril huella, firme que divide
con una seca herida el prado verde
y más endurecido y seco implora
sostén a sus pisadas, que se calle
el color, que no pronuncie
en tallos de alegría
su gesto el campo;
mas impasible quiere su dominio,
con mármol sueña lapidar llanuras.
No así mi amor, tu mundo, otro planeta,
la flor intacta con ocultos ríos:
por sus venas iré sin ser notado,
soy de tu corazón dócil corriente.

Hoy puedo estar contigo...

Hoy puedo estar contigo. He deseado
para ti todo el bien y me acompaña
la bondad del amor. A ti te debo
gozar en soledad la compañía
más difícil del hombre, la que tiene
consigo mismo. No me causa miedo
reconocerme, ni busco a nadie, no.
Le has dado a mi semblante sin saberlo
una luz interior que me hace fuerte,
para vencer mayores soledades.

Nube a nube...

Nube a nube hasta muy hondo
haciéndome un alma estoy
dentro de mí, donde gozo
tristezas que se hacen luces
o música, donde lloro
deleites que se hacen humo,
humo negro y silencioso.
El amor rompe esas nubes
y apaga tristezas, sólo
quisiera sacarme el alma
para quererte del todo;
o que tu vida, amor mío,
de torre se hiciera pozo,
que en mí se clave, se pierda
como un reflejo sonoro
de mi sueño, de ese sueño
que se me va de los ojos.

Amor, sólo te muestras...

Amor, sólo te muestras
por lo que de mí arrancas,
aire invisible eres
que despojas mi alma
manchando el limpio cielo
con suspiros y lágrimas.
Al pasar me has dejado
erizado de ramas,
defendido del frío
por espinas que arañan,
cerradas mis raíces
el paso de las aguas,
ciega y sin hojas la desnuda frente
que atesoró verdores y esperanzas.

Amor oscuro

Si para ti fui sombra
cuando cubrí tu cuerpo,
si cuando te besaba
mis ojos eran ciegos,
sigamos siendo noche,
como la noche inmensos,
con nuestro amor oscuro,
sin límites, eterno...
Porque a la luz del día
nuestro amor es pequeño.

Te quiero

Un lago en una isla,
eso es tu amor por mí,
y mi amor te rodea
como un inmenso mar
de silencios azules;
pero tienen también
tus grandezas ocultas.
Soy un niño de sal
sobre tu falda;
me sostienen tus prados
submarinos,
eres frondosa cumbre,
eminencia visible
de tu tierra profunda.
Me enriquecen los ríos,
y tu amor, ese lago
corazón de la isla,
es la fuente de todas
las líquidas comarcas.
Te haces querer. Te quiero.
Mira mis blancas olas.

Baldomero Fernández

Poeta argentino nacido en Buenos Aires en 1886 y
fallecido en esa misma ciudad en 1950. Hijo de comer-
ciantes españoles, pasó parte de su infancia en Santander,
a orillas del Cantábrico. A los veintinueve años publicó
su primer libro de poesías, al que siguieron luego cinco o
seis publicaciones más. En sus poemas se mezcla el más
intenso erotismo y la más alta espiritualidad, producto
de su inspiración en dos mujeres, cuya identidad ha per-
manecido en el misterio.

Mudable como el tiempo es tu mejilla...

Mudable como el tiempo es tu mejilla,
o arde como una tarde del estío
o hiela, o poco menos, si hace frío;
pero ardiente o helada es maravilla.
Deja que acerque mi cansada arcilla
al pétalo de amor que llamo mío,
mientras corre mi brazo como un río
por tu cuello, delgada torrecilla.
Calor o frío, llamarada o nieve,
no me importa un instante su mudanza,
que a ocultos nervios nada más se debe.
Tu corazón es nido de templanza
y grave su latido al par que leve.
Y si no, que lo diga mi esperanza.

Soneto

Ya ves que no te suelto, que me ato
a tu recuerdo rubio y vaporoso,
fugitivo en la calle y silencioso,
yo, que era poderío y arrebato.

Me estiro lo que puedo; dudo y trato
de asir tu traje, por ser tuyo, hermoso;
ceñido siempre y a la vez pomposo,
tentación por aquí y allí recato.

Mírame en un café de esta plazuela
en que el tránsito al sol crepita y arde,
y en la que todo, hasta un tranvía, vuela.

Pienso en ti, en tus ojos, en tu tarde...
Y me quisiera henchir como una vela
y me refugio en mi interior, cobarde.

Al caminar parece que crujieran...

Al caminar parece que crujieran
las hojas de la noche y sus cristales.
Es tu hombro, tu pecho, tus rodillas
deshaciendo, esponjando, tu impermeable.
Tu impermeable te ciñe totalmente,
si llevas algo más nadie lo sabe...
Es un cilicio hecho de pliegues duros
sobre la rosa de tu cuerpo suave.

Dulce amor de pasillos...

Dulce amor de pasillos, dulce amor de rincones,
cuando ya es una bruma el aliento deshecho.
Sentir sobre mi pecho la amplitud de tu pecho
y como dos deditos pequeños tus pezones.
Y bajar la escalera trémulo de deseo
aprovechando el último peldaño para verte.
Hasta que el frío dé cuenta de mi deseo.
(El frío no podrá y no sé si la muerte).

Tal vez haya soñado con un beso...

Tal vez haya soñado con un beso instantáneo,
dos estrellas fundidas augustamente en una.
Un temblor en el cuerpo y un mareo en el cráneo
y un ponerse la sangre del color de la luna.
No, jamás me has besado ni siquiera la frente,
sólo has puesto los labios o los atraje yo.
Continuaré soñando, Alondra, eternamente.
Ni tú tienes derecho a decirme que no.

Aromas

Cuando regreso a casa no me lavo las manos
si es que he estado contigo un instante no más,
el aroma retengo que tú dejas en ellas
como una joya vaga o una flor ideal.
Por aquí huelo a rosas y por allá a jazmines,
alientos de tus ropas, auras de tu beldad,
aproximo una silla y me siento a la mesa
y sabe a ti y a trigo el bocado de pan.
Y todo el mundo ignora por qué huelo mis manos
o las miro a menudo con tanta suavidad,
o las alzo a la luna bajo las arboledas,
como si fueran dignas de hundirse en tu cristal.
Y así hasta media noche cuando vuelvo rendido
pegado a las fachadas y me voy a acostar,
entonces tengo envidia del agua que las lava
y que, con tu perfume, da un suspiro y se va.

Contemplación del beso

Debe el beso venir desde la hondura
de una cabeza baja y atraída
en la penumbra gris desvanecida
mientras un viento vuele de frescura.
Boca entreabierta, elástica, madura,
que en el atardecer se haga una herida.
Toda ella roja de profunda vida
con un signo mortal: la dentadura.
Verlo avanzar después muy lentamente
como un ascua encendida o roja estrella
y detenerlo, ay, súbitamente.
Contemplarlo en deliquio y miel de abeja,
huir la boca por rozar la frente
y a ella volver para morir en ella.

Amantes

Ved en sombras el cuarto, y en el lecho
desnudos, sonrosados, rozagantes,
el nudo vivo de los dos amantes
boca con boca y pecho contra pecho.

Se hace más apretado el nudo estrecho,
bailotean los dedos delirantes,
suspéndese el aliento unos instantes...
y he aquí el nudo sexual deshecho.

Un desorden de sábanas y almohadas,
dos pálidas cabezas despeinadas,
una suelta palabra indiferente,

un poco de hambre, un poco de tristeza,
un infantil deseo de pureza
y un vago olor cualquiera en el ambiente.

Ausencia

Es menester que vengas,
mi vida, con tu ausencia, se ha deshecho,
y torno a ser el hombre abandonado
que antaño fui, mujer, y tengo miedo.

¡Qué sabia dirección la de tus manos!
¡Qué alta luz la de tus ojos negros!
Trabajar a tu lado, ¡qué alegría!;
descansar a tu lado, ¡qué sosiego!

Desde que tú no estás no sé cómo andan
las horas de comer y las del sueño,
siempre de mal humor y fatigado,
ni abro los libros ya, ni escribo versos.

Algunas estrofillas se me ocurren
e indiferente, al aire las entrego.
Nadie cambia mi pluma si está vieja
ni pone tinta fresca en el tintero,
un polvillo sutil cubre los muebles
y el agua se ha podrido en los floreros.

No tienen para mí ningún encanto
a no ser los marchitos del recuerdo,

los amables rincones de la casa,
y ni salgo al jardín, ni voy al huerto.
Y eso que una violenta primavera
ha encendido las rosas en los cercos
y ha puesto tantas hojas en los árboles
que encontrarías el jardín pequeño.

Hay lilas de suavísimos matices
y pensamientos de hondo terciopelo,
pero yo paso al lado de las flores
caída la cabeza sobre el pecho,
que hasta las flores me parecen ásperas
acostumbrado a acariciar tu cuerpo.

Me consumo de amor inútilmente
en el antiguo, torneado lecho,
en vano estiro mis delgados brazos,
tan sólo estrujo sombras en mis dedos...

Es menester que vengas;
mi vida, con tu ausencia, se ha deshecho.
Ya sabes que sin ti no valgo nada,
que soy como una viña por el suelo,
¡álzame dulcemente con tus manos
y brillarán al sol racimos nuevos!

Blas de Otero

Poeta español nacido en Bilbao en el año de 1916 y fallecido en Madrid en 1979. Recibió una formación religiosa con los jesuitas, y después de terminar su bachillerato, se licenció en Derecho, en Valladolid, carrera que nunca ejerció. Se trasladó luego a Madrid donde se dedicó por entero a la creación literaria. "A modo de antología" y "Todos mis sonetos", son sus obras más representativas.

Un relámpago apenas

Besas como si fueses a comerme.
Besas besos de mar, a dentelladas.
Las manos en mis sienes y abismadas
nuestras miradas. Yo, sin lucha, inerme,
me declaro vencido, si vencerme
es ver en ti mis manos maniatadas.
Besas besos de Dios. A bocanadas
bebes mi vida. Sorbes. Sin dolerme,
tiras de mi raíz, subes mi muerte
a flor de labio. Y luego, mimadora,
la brisas y la rozas con tu beso.
Oh Dios, oh Dios, oh Dios, si para verte
bastara un beso, un beso que se llora
después, porque, ¡oh, por qué!, no basta eso.

Cuerpo de la mujer

Cuerpo de la mujer, río de oro
donde, hundidos los brazos, recibimos
un relámpago azul, unos racimos
de luz rasgada en un frondor de oro.
Cuerpo de la mujer o mar de oro
donde, amando las manos, no sabemos,
si los senos son olas, si son remos
los brazos, si son alas solas de oro...
Cuerpo de la mujer, fuente de llanto
donde, después de tanta luz, de tanto
tacto sutil, de Tántalo es la pena.
Suena la soledad de Dios. Sentimos
la soledad de dos. Y una cadena
que no suena, ancla en Dios almas y limos.

Vi que estabas...

Volví la frente: Estabas. Estuviste
esperándome siempre.
Detrás de una palabra
maravillosa, siempre.
Abres y cierras, suave, el cielo.
Como esperándote, amanece.
Cedes la luz, mueves la brisa
de los atardeceres.
Volví a la vida; vi que estabas
tejiendo, destejiendo siempre.
Silenciosa, tejiendo
(tarde es, amor, ya tarde y peligroso)
y destejiendo nieve...

Cuerpo tuyo

Esa tierra con luz es cielo mío.
Alba de Dios, estremecidamente
subirá por mi sangre. Y un relente
de llama, me dará tu escalofrío.
Puente de dos columnas, y yo río.
Tú, río derrumbado, y yo su puente
abrazando, cercando su corriente
de luz, de amor, de sangre en desvarío.
Ahora, brisa en la brisa. Seda suave.
Ahora, puerta plegada, frágil llave.
Muro de luz. Leve, sellado, ileso.
Luego, fronda de Dios y sima mía.
Ahora. Luego. Por tanto. Sí, por eso
deseada y sin sombra todavía.

Tú, que hieres

Arrebatadamente te persigo.
Arrebatadamente, desgarrando
mi soledad mortal, te voy llamando
a golpes de silencio. Ven, te digo
como un muerto furioso. Ven. Conmigo
has de morir. Contigo estoy creando
mi eternidad. (De qué. De quién). De cuando
arrebatadamente esté contigo.
Y sigo, muerto, en pie. Pero te llamo
a golpes de agonía. Ven. No quieres.
Y sigo, muerto, en pie. Pero te amo
a besos de ansiedad y de agonía.
No quieres. Tú, que vives. Tú, que hieres
arrebatadamente el ansia mía.

Porque quiero tu cuerpo...

Porque quiero tu cuerpo ciegamente.
Porque deseo tu belleza plena.
Porque busco ese horror,
esa cadena mortal,
que arrastra inconsolablemente.
Inconsolablemente.
Diente a diente,
voy bebiendo tu amor,
tu noche llena.
Diente a diente, Señor,
y vena a vena vas sorbiendo mi muerte.
Lentamente.
Porque quiero tu cuerpo
y lo persigo a través de la sangre y de la nada.
Porque busco tu noche toda entera.
Porque quiero morir,
vivir contigo esta horrible tristeza enamorada
que abrazaría, oh Dios, cuando yo muera.

Desamor

Cuando tu cuerpo es nieve
perdida en un olvido deshelado,
y el aire no se atreve
a moverse por miedo a lo olvidado;
y el mar, cuando se mueve
e inventa otra postura,
es sólo por sentirse de este lado
más ágil de recuerdos y amargura.

Cuando es ya nieve pura,
y tu alma señal de haber llorado,
y entre cartas y besos amarillos
suspiras porque, al verlas,
no te serán ya esos
más que —pendientes de los ojos— perlas;
y las rosas ilesos,
y los blancos sin roce,
entre cintas desnudas, enterradas,
reavivan el goce
triste de ver ya frías, desamadas,
las prendas y el amor que aún las conoce.

Entonces a mí puedes
venir, llegar, oh, pluma que deriva

por los aires más solos:
yo tenderé y tiraré hacia arriba,
altos sueños, mis redes,
para que eterna, si antes fugitiva,
entre mis alas, no en mis brazos, quedes.

Ciegamente

Porque quiero tu cuerpo ciegamente.
Porque deseo tu belleza plena.
Porque busco ese horror, esa cadena
mortal, que arrastra inconsolablemente.
Inconsolablemente, diente a diente,
vos bebiendo tu amor, tu noche llena.
Diente a diente, Señor, y vena a vena
vas sorbiendo mi muerte. Lentamente.
Porque quiero tu cuerpo y lo persigo
a través de la sangre y de la nada.
Porque busco tu noche toda entera.

Porque quiero morir, morir contigo
esta horrible tristeza enamorada
que abrazarás, oh, Dios, cuando yo muera.

Carlos Edmundo de Ory

Poeta y narrador español nacido en Cádiz en el año de 1923. Junto a Silvano Sernesi fundó en 1945 el Postismo, movimiento de avanzada, y desde entonces participa activamente en actividades surrealistas europeas. De su obra se destacan títulos como "Técnica y llanto", "La flauta prohibida", "Los sonetos", "Lee sin temor", "Poesía abierta", "Metanoia" y "Aerolitos".

Olor de amor

Hueles de una manera diferente.
Amar es una forma de olor. El cuerpo impone
su presencia de aroma que subleva
esa selva, ese bosque
que somos.
No te veo.
No llego a tu contacto. Llegan flores
raras, deshechas, invisibles.
Certidumbre de ti en medio de la noche.

Un salvaje rosal es tu olor. Una
paloma es, y su vuelo recorre
hasta mí el aire. Una
profunda cabellera esparcida en el borde
de mi memoria.

Tu enredado aroma
entre mis dedos algo tuyo esconde.
Hasta mí llegas cada día hecha
olor enmarañado de azucenas y áloes.

Trasminas existencias. Te declaras
realidad amorosa que responde

a mi busca. Llamada
que su contestación en mí recoge.

Rastro exhalado, huella
reconocible, evanescente torre
de olorosa verdad. Humano aroma
de mujer junto al hombre.

Amar es una forma de olor. Llegas
fragante. Llego. Nos acoge
la onda que huele a vida enamorada,
a claveles que en dos bocas se rompen.

Denise

Cuando pongo mis manos de metal
mis manos primitivas sin destreza
en tu pelo abundante donde empieza
tu cuerpo que respira amor mortal.

Cuando tocan mis dedos tu total
altura de los pies a la cabeza
sin que me tiemble el pulso, amo la pieza
maravillosa de tu ser camal.

Y entonces de quietud y roce puro
tu mirada me vence, llena de aguas
y tu silencio femenino me arde.

De repente de acción me transfiguro
desciendo mi contacto a tus enaguas
y te desnudo y te amo y se hace tarde.

Dame

Dame algo más que silencio o dulzura
Algo que tengas y no sepas
No quiero regalos exquisitos
Dame una piedra
No te quedes quieto mirándome
como si quisieras decirme
que hay demasiadas cosas mudas
debajo de lo que se dice
Dame algo lento y delgado
como un cuchillo por la espalda.
Y si no tienes nada que darme
¡dame todo lo que te falta!

Eros treméndum

En la noche del sexo busco luz
y encuentro más y más oscuridad
mi cuerpo es sacro y sacrifica edad
sin tiempo sobre el tuyo cruz con cruz.

Subo y bajo y gravito mi testuz
cae sobre el muro de tu atroz ciudad
sin puertas donde al fin me da mitad
de entrada a la tiniebla un tragaluz.

Mantel mi espalda cubre los manjares
mis brazos y mis piernas son a pares
con los tuyos en forma de escorpión.
Las dos manzanas mi contacto deja
y duerme como un vaso en la bandeja
de tu vientre mi enorme corazón.

Amo a una mujer...

Amo a una mujer de larga cabellera
como en un lago me hundo en su rostro suave
en su vientre mi frente boga con lentitud
palpo muerdo acaricio volúmenes sedosos
Registro cavidades me esponjo de su zumo
mujer pantano mío araña tenebrosa
laberinto infinito tambor palacio extraño
eres mi hermana única de olvido y abandono
tus pechos y tus nalgas de dobles montes gemelos
me brindan la blancura de paloma gigante
el amor que nos damos es de noche en la noche
en rotundas crudezas la cama nos reúne
se levantan columnas de olor y de respiros
Trituro masco sorbo me despeño
el deseo florece entre tumbas abiertas
tumbas de besos bocas o moluscos
estoy volando enfermo de venenos
reinando en tus membranas errante y enviciado
nada termina nada empieza todo es triunfo
de la ternura custodiada de silencio
El pensamiento ha huido de nosotros
Se juntan nuestras manos como piedras felices
Está la mente quieta como inmóvil palmípedo

las horas se derriten los minutos se agotan
no existe nada más que agonía y placer
Placer tu cara no habla sino que va a caballo
sobre un mundo de nubes en la cueva del ser
Somos mudos no estamos en la vida ridícula
Hemos llegado a ser terribles y divinos
Fabricantes secretos de miel en abundancia
Se oyen los gemidos de la carne incansable
En un instante oí la mitad de mi nombre
saliendo repentino de tus dientes unidos
En la luz puede ver la expresión de tu faz
que parecías otra mujer en aquel éxtasis
La oscuridad me pone furioso no te veo
No encuentro tu cabeza y no sé lo que toco
Cuatro manos se van con sus dueños dormidos
y lejos de ellas vagan también los cuatro pies
Ya no hay dueños no hay más que suspenso y vacío
El barco del placer encalla en alta mar
¿Dónde estás? ¿Dónde estoy?
¿Quién soy? ¿Quién eres?

Para siempre abandono este interrogatorio
Ebrio hechizado loco a las puertas del morbo
grandiosa la pasión espero el turno fálico
De nuevo en una habitación estamos juntos
Desnudos estupendos cómplices de la Muerte.

Los amantes

Como estatuas de lluvia con los nervios azules
secretos en sus leyes de llaves que abren túneles
sucios de fuego y de cansancio reyes
han guardado sus gritos ya no más
Cada uno en el otro engacelados
de noches tiernas en atroz gimnasio
viven actos de baile horizontal
no caminan de noche ya no más
Se rigen de deseo y no se hablan
y no se escriben cartas nada dicen
juntos se alejan y huyen juntos juntos

Ojos y pies dos cuerpos negros llagan
fosforescentes olas animales
se ponen a dormir y ya no más.

Ensedada en mis besos lagartijas

Ensedada en mis besos lagartijas
te oigo mugir mujer
Acostados estamos en la cama
del hospital de la dulzura
Gangrenado de amor
chupo tu joya.

Descripción de mi esposa

Ella es mi escarabajo sagrado
ella es mi cripta de amatista
ella es mi ciudadela lacustre
ella es mi palomar de silencio
ella es mi tapia de jazmines
ella es mi langosta de oro
ella es mi kiosko de música
ella es mi lecho de malaquita
ella es mi medusa dorada
ella es mi caracol de seda
ella es mi cuarto de ranúnculos
ella es mi topacio amarillo
ella es mi Anadiómena marina
ella es mi Ageronia atlantis
ella es mi puerta de oricalco
ella es mi palanquín de hojas
ella es mi postre de ciruelas
ella es mi pentagrama de sangre
ella es mi oráculo de besos
ella es mi estrella boreal.

Carlos Pellicer

oeta y museólogo mexicano nacido en Tabasco en
1899. Viajero apasionado y poeta de recintos cerrados, fue
cantor de los grandes ríos, de la selva y el sol. Su obra,
toda una poesía con su pluralidad de géneros, se resuelve
en una luminosa metáfora, en una interminable alabanza
del mundo: Pellicer es el mismo de principio a fin. "Pie-
dra de sacrificios" en 1924, "Hora de junio" en 1937,
"Exágonos" en 1941, "Subordinaciones" en 1948 y "Con
palabras y fuego" en 1963, hacen parte de su extensa obra
poética. Falleció en el año de 1977.

Que se cierre esa puerta

Que se cierre esa puerta
que no me deja estar a solas con tus besos.
Que se cierre esa puerta
por donde campos, sol y rosas quieren vernos.

Esa puerta por donde
la cal azul de los pilares entra
a mirar como niños maliciosos
la timidez de nuestras dos caricias
que no se dan porque la puerta, abierta.....
Por razones serenas
pasamos largo tiempo a puerta abierta.

Y arriesgado es besarse
y oprimirse las manos, ni siquiera
mirarse demasiado, ni siquiera
callar en buena lid....

Pero en la noche
la puerta se echa encima de sí misma
y se cierra tan ciega y claramente
que nos sentimos ya, tú y yo, en campo abierto,
escogiendo caricias como joyas

ocultas en la noche con jardines
puestos en las rodillas de los montes,
pero solos tú y yo.

La mórbida penumbra
enlaza nuestros cuerpos y saquea
mi inédita ternura,
la fuerza de mis brazos que te agobian
tan dulcemente, el gran beso insaciable
que se bebe a sí mismo
y en su espacio redime
lo pequeño de ilímites distancias...
Dichosa puerta que nos acompañas
cerrada, en nuestra dicha. Tu obstrucción
es la liberación de estas dos cárceles;
la escapatoria de las dos pisadas
idénticas que saltan a la nube
de la que se regresa en la mañana.

En una de esas tardes

En una de esas tardes
sin más pintura que la de mis ojos,
te desnudé
y el viaje de mis manos y mis labios
llenó todo tu cuerpo de rocío.
Aquel mundo amanecido por la tarde,
con tantos episodios sin historias,
fue silenciosamente abanderado
y seguido por pueblos de ansiedades.
Entre tu ombligo y sus alrededores
sonreían los ojos de mis labios
y tu cadera,
esfera en dos mitades,
alegró los momentos de agonía
en que mi vida huyó para tu vida.
Estamos tan presentes,
que el pasado no cuenta sin ser visto.
No somos lo escondido;
en el torrente de la vida estamos.
Tu cuerpo es lo desnudo que hay en mí
toda el agua que va rumbo a tus cántaros.
Tu nombre, tu alegría…
Nadie lo sabe;
ni tú misma a solas.

Tú eres más que mis ojos

Tú eres más mis ojos porque ves
lo que en mis ojos llevo de tu vida.
Y así camino ciego de mí mismo
iluminado por mis ojos que arden
con el fuego de ti.
Tú eres más que mi oído porque escuchas
lo que en mi oído llevo de tu voz.
Y así camino sordo de mí mismo
lleno de las ternuras de tu acento.
¡La sola voz de ti!
Tú eres más que mi olfato porque hueles
lo que mi olfato lleva de tu olor.
Y así voy ignorando el propio aroma,
emanando tus ámbitos perfumes,
pronto huerto de ti.
Tú eres más que mi lengua porque gustas
lo que en mi lengua llevo de ti sólo,
y así voy insensible a mis sabores
saboreando el deleite de los tuyos,
sólo sabor de ti.
Tú eres más que mi tacto porque en mí
tu caricia acaricias y desbordas.
Y así toco en mi cuerpo la delicia

de tus manos quemadas por las mías.
Yo solamente soy el vivo espejo
de tus sentidos. La fidelidad
en la garganta del volcán.

Canto destruido

¿En qué rayo de luz, amor ausente
tu ausencia se posó? Toda en mis ojos
brilla la desnudez de tu presencia.
Dúos de soledad dicen mis manos
llenas de ácidos fríos
y desgarrados horizontes.
Veo el otoño lleno de esperanza
como una atardecida primavera
en que una sola estrella
vive el cielo ambulante de la tarde.
Te amo, amor, y nada estoy diciendo
para llamarte. Siento
que me duelen los ojos de no llorar. Y veo
que tu ausencia me encuentra
como el cielo encendido
y una alegría triste de no usarla
como esos días en que nada ocurre
y está toda la casa
inútilmente iluminada.
En la destruida alcoba de tu ausencia
pisoteados crepúsculos reviven
sus harapos, morados de recuerdos.
En el alojamiento de tu ausencia

todo lo ocupo yo, clavando clavos
en las cuatro paredes de la ausencia.
Y este mundo cerrado
que se abre al interior de un bosque antiguo,
ve marchitarse el tiempo,
despolvorearse la luz, y mira a todos lados
sin encontrar el punto de partida.
Aunque vengas mañana
en tu ausencia de hoy perdí algún reino.
Tu cuerpo es el país de las caricias,
en donde yo, viajero desolado
—todo el itinerario de mis besos—
paso el otoño para no morirme,
sin conocer el valor de tu ausencia
como un diamante oculto en lo más triste.

Amor sin nombre

Amor sin nombre, ámbito destino
de ser y de no estar. Tu pronto asedio
sostiene mi dolor y anula el tedio
de copa exhausta o apretado vino.
En un alto silencio, un aquilino
palmo azul de silencio, vivo. En medio
de la infausta paciencia de tu asedio
abro las jaulas y desbordo el trino.
Por ti cuelgo coronas en los muros;
por ti soy más fugaz y en los maduros
soñares aligero tus canciones.
Y te llevo en mi ser y has recogido
la actitud que en Florencias o Bizancios
consagra sus palomas al olvido.

Gerardo Diego

Poeta español nacido en Santander en 1896. Su obra se inició en 1920 con "El romancero de la Novia", y continuó con numerosas publicaciones entre las que se destacan: "Manual de Espumas", 1924; "Poemas Adrede", 1932; "Ángeles de Compostela", 1940; "Amor solo", 1958; "Nocturnos de Chopin", 1962; "La Fundación del Querer", 1970, y "Carmen Jubilar", 1973.

Amor

Dentro, en tus ojos, donde calla y duerme
un palpitar de acuario submarino,
quisiera — licor tenue al difumino —
hundirme, decantarme, adormecerme.
Y a través de tu espalda, pura, inerme,
que me trasluce el ritmo de andantino
de tu anhelar, si en ella me reclino,
quisiera trasvasarme y extenderme.
Multiplicar mi nido en tus regazos
innumerables, que al cerrar los brazos
no encontrases mi carne, en ti disuelta.
Y que mi alma, en bulto y tacto vuelta,
te resbalase en torno, transparente
como tu frente, amor, como tu frente.

Tentación

No. De noche no. De noche
no, porque me miran ellas.
Sería un mudo reproche
el rubor de las estrellas.
Tan inocentes, tan puras,
con sus ojos ignorantes,
latiendo como diamantes
allá arriba en las alturas.
—Entonces, mira. Mañana
bajo el sol viejo y ardiente.
La luz ciega, muerde, aplana.
El alma duerme... y consiente.
—¿De día? No. Las estrellas
en el cielo están también.
¿No lo sabías? Sí. Ellas,
aunque invisibles, nos ven.

Sucesiva

Déjame acariciarte lentamente,
déjame lentamente comprobarte,
ver que eres de verdad, un continuarte
de ti misma a ti misma extensamente.
Onda tras onda irradian de tu frente
y mansamente, apenas sin rizarte,
rompen sus diez espumas al besarte
de tus pies en la playa adolescente.
Así te quiero, fluida y sucesiva,
manantial tú de ti, agua furtiva,
música para el tacto perezosa.
Así te quiero, en límites pequeños,
aquí y allá, fragmentos, lirio, rosa,
y tu unidad después, luz de mis sueños.

Insomnio

Tú y tu desnudo sueño. No lo sabes.
Duermes. No. No lo sabes. Yo en desvelo,
y tú, inocente, duermes bajo el cielo.
Tú por tu sueño, y por el mar las naves.
En cárceles de espacio, aéreas llaves
te me encierran, recluyen, roban. Hielo,
cristal de aire en mil hojas. No. No hay vuelo
que alce hasta ti las alas de mis aves.
Saber que duermes tú, cierta, segura
—cauce fiel de abandono, línea pura—,
tan cerca de mis brazos maniatados.
Qué pavorosa esclavitud de isleño,
yo, insomne, loco, en los acantilados,
las naves por el mar, tú por tu sueño.

Tú me miras

Tú me miras, amor, al fin me miras
de frente, tú me miras y te entregas
y de tus ojos líricos trasiegas
tu inocencia a los míos. No retiras
tu onda y onda dulcísima, mentiras
que yo soñaba y son verdad, no juegas.
Me miras ya sin ver, mirando a ciegas
tu propio amor que en mi mirar respiras.
No ves mis ojos, no mi amor de fuente,
miras para no ver, miras cantando
cantas mirando, oh música del cielo.
Oh mi ciega del alma, incandescente,
mi melodía en que mi ser revelo.
Tú me miras, amor, me estás mirando.

Ella

¿No la conocéis? Entonces
imaginadla, soñadla.
¿Quién será capaz de hacer
el retrato de la amada?
Yo sólo podría hablaros
vagamente de su lánguida
figura, de su aureola
triste, profunda y romántica.
Os diría que sus trenzas
rizadas sobre la espalda
son tan negras, que iluminan
en la noche. Que cuando anda,
no parece que se apoya,
flota, navega, resbala...
Os hablaría de un gesto
muy suyo..., de sus palabras,
a la vez desdén y mimo,
a un tiempo reproche y lágrimas,
distantes como en un éxtasis,
como en un beso cercanas...
Pero no: cerrad los ojos,
imaginadla, soñadla,
reflejada en el cambiante
espejo de vuestra alma.

Sueños

Anoche soñé contigo.
Ya no me acuerdo qué era.
Pero tú aún eras mía,
eras mi novia. ¡Qué bella
mentira! Las blancas alas
del sueño nos traen, nos llevan
por un mundo de imposibles,
por un cielo de quimeras.
Anoche tal vez te vi
salir lenta de la iglesia,
en las manos el rosario,
cabizbaja y recoleta.
O acaso junto al arroyo,
allá en la paz de la aldea,
urdíamos nuestros sueños
divinos de primavera.
Quizás tú fueras aún niña
—¡oh remota y dulce época!—
y cantaras en el coro,
al aire sueltas las trenzas.
Y yo sería un rapaz
de los que van a la escuela,
de los que hablan a las niñas,

de los que juegan con ellas.
El sueño es algo tan lánguido
tan sin forma, tan de nieblas...
¡Quién pudiera soñar siempre!
Dormir siempre ¡quién pudiera!
¡Quién pudiera ser tu novio
(alma, vístete de fiesta)
en un sueño eterno y dulce,
blanco como las estrellas!...

Mujer de ausencia

Mujer de ausencia,
escultura de música en el tiempo.
Cuando modelo el busto
faltan los pies y el rostro se deshizo.
Ni el retrato me fija con su química
el momento justo.
Es un silencio muerto
en la infinita melodía.
Mujer de ausencia, estatua
de sal que se disuelve, y la tortura
de forma sin materia.

Otoño

Mujer densa de horas
y amarilla de frutos
como el sol del ayer
El reloj de los vientos te vio florecer
cuando en su jaula antigua
se arrancaba las plumas el terco atardecer
El reloj de los vientos
despertador de pájaros pascuales
que ha dado la vuelta al mundo
y hace juegos de agua en los adventos
De tus ojos la arena fluye en un río estéril
Y tantas mariposas distraídas
han fallecido en tu mirada
que las estrellas ya no alumbran nada
Mujer cultivadora
de semillas y auroras
Mujer en donde nacen las abejas
que fabrican las horas
Mujer puntual como la luna llena
Abre tu cabellera
origen de los vientos
que vacía y sin muebles
mi colmena te espera.

El sueño

Apoya en mí la cabeza,
si tienes sueño.
Apoya en mí la cabeza,
aquí, en mi pecho.
Descansa, duérmete, sueña,
no tengas miedo del mundo,
que yo te velo.
Levanta hacia mí tus ojos,
tus ojos lentos,
y ciérralos poco a poco
conmigo dentro;
ciérralos, aunque no quieras,
muertos de sueño.
Ya estás dormida. Ya sube,
baja tu pecho,
y el mío al compás del tuyo
mide el silencio,
almohada de tu cabeza,
celeste peso.
Mi pecho de varón duro,
tabla de esfuerzo,
por ti se vuelve de plumas,
cojín de sueños.
Navega en dulce oleaje,

ritmo sereno,
ritmo de olas perezosas
el de tus pechos.
De cuando en cuando una grande,
espuma al viento,
suspiro que se te escapa
volando al cielo,
y otra vez navegas lenta
mares de sueño,
y soy yo quien te conduce
yo que te velo,
que para que te abandones
te abrí mi pecho.
¿Qué sueñas? ¿Sueñas? ¿Qué buscan
— palabras, besos —
tus labios que se te mueven,
dormido rezo?
Si sueñas que estás conmigo,
no es sólo sueño;
lo que te acuna y te mece
soy yo, es mi pecho.
Despacio, brisas, despacio,
que tiene sueño.
Mundo sonoro que rondas,
hazte silencio,
que está durmiendo mi niña,
que está durmiendo
al compás que de los suyos
copia mi pecho.
Que cuando se me despierte
buscando el cielo
encuentre arriba mis ojos
limpios y abiertos.

Gonzalo Rojas

Poeta chileno nacido en Lebu en el año de 1917. Estudió Derecho y Literatura en el Instituto Pedagógico de la Universidad de Chile. Muchos de sus poemas arrastran al lector a saltos, en zigzag, como en un balbuceo, envolviéndolo en una materia lingüística de extraño signo y ritmo. Sus textos abundan en la temática amorosa, en la eroticidad trascendente, así como en la reflexión filosófica, donde el contrapunto de la vida y la muerte es frecuente.

Oscuridad hermosa

Anoche te he tocado y te he sentido
sin que mi mano huyera más allá de mi mano,
sin que mi cuerpo huyera, ni mi oído:
de un modo casi humano
te he sentido.

Palpitante,
no sé si como sangre o como nube
errante,
por mi casa, en puntillas, oscuridad que sube,
oscuridad que baja, corriste, centelleante.

Corriste por mi casa de madera
sus ventanas abriste
y te sentí latir la noche entera,
hija de los abismos, silenciosa,
guerrera, tan terrible, tan hermosa
que todo cuanto existe,
para mí, sin tu llama, no existiera.

Orquídea en el gentío

Bonito el color del pelo de esta señorita, bonito el olor
a abeja de su zumbido, bonita la calle,
bonitos los pies de lujo bajo los dos
zapatos áureos, bonito el maquillaje
de las pestañas a las uñas, lo fluvial
de sus arterias espléndidas, bonita la *physis*
y la *metaphysis* de la ondulación, bonito el metro
setenta de la armazón, bonito el pacto
entre hueso y piel, bonito el volumen
de la madre que la urdió flexible y la
durmió esos nueve meses, bonito el ocio
animal que anda en ella.

Vocales para Hilda

La que duerme ahí, la sagrada,
la que me besa y me adivina,
la translúcida, la vibrante,
la loca
de amor, la cítara
alta:
tú,
nadie
sino flexiblemente
tú,
la alta,
en el aire alto
del aceite
original
de la especie:
tú,
la que hila
en la velocidad
ciega
del sol:
tú,
la elegancia
de tu presencia

natural
tan próxima
mi vertiente
de diamante, mi
arpa,
tan portentosamente mía:
tú,
paraíso
o
nadie
cuerda
para oír
el viento
sobre el abismo
sideral:
tú,
página
de piel más allá
del aire:
tú,
manos
que amé,
pies
desnudos
del ritmo
de marfil
donde puse
mis besos:
tú,
volcán
y pétalos,
llama;
lengua

de amor
viva:
tú,
figura
espléndida, orquídea
cuyo carácter aéreo
me permite
volar:
tú,
muchacha
mortal, fragancia
de otra música
de nieve
sigilosamente
andina:
tú,
hija del mar
abierto,
áureo,
tú que danzas
inmóvil
parada
ahí
en
la transparencia
desde
lo hondo
del principio:
tú
cordillera, tú,
crisálida
sonámbula
en el fulgor

impalpable
de tu corola:
tú,
nadie: tú:
Tú,
Poesía,
tú,
Espíritu,
nadie:
tú,
que soplas
al viento
estas vocales
oscuras,
estos
acordes
pausados
en el enigma
de lo terrestre:
tú:

Asma es amor

Más que por la A de amor estoy por la A
de asma, y me ahogo
de tu no aire, ábreme
alta mía única anclada ahí, no es bueno
el avión de palo en el que yaces con
vidrio y todo en esas tablas precipicias, adentro
de las que ya no estás, tu esbeltez
ya no está, tus grandes
pies hermosos, tu espinazo
de yegua de Faraón, y es tan difícil
este resuello, tú
me entiendes: asma
es amor.

La errata

Señores del jurado, ahí les mando de vuelta en
automóvil nupcial a esa mujer
que no me es, escasa
de encantamiento, puro pelo
ronco abajo, ahí van
las dos ubres testigas ya usadas
por múltiple palpación
sucia de otras neutras de su especie
que no dan para calipigias, la errata
fue el chorro kármico, la vileza
de esas dos noches en mis sábanas, ahí también
van las dos sábanas coloradas de vergüenza, incluyo
por último 3 o 4 rosas blancas,
pónganlas
en el florero de vidrio por mera distinción
a la fragancia mortuoria. Avísenme
si fue Zeus el que hiló la torcedura
de ese hilo o no más la Parca. Firmado:
Calímaco.

Perdí mi juventud en los burdeles

Perdí mi juventud en los burdeles
pero no te he perdido
ni un instante, mi bestia,
máquina del placer, mi pobre novia
reventada en el baile.
Me acostaba contigo,
mordía tus pezones furibundo,
me ahogaba en tu perfume cada noche,
y al alba te miraba
dormida en la marea de la alcoba,
dura como una roca en la tormenta.
Pasábamos por ti como las olas
todos los que te amábamos. Dormíamos
con tu cuerpo sagrado.
Salíamos de ti paridos nuevamente
por el placer, al mundo.
Perdí mi juventud en los burdeles,
pero daría mi alma
por besarte a la luz de los espejos
de aquel salón, sepulcro de la carne,
el cigarro y el vino.
Allí, bella entre todas,
reinabas para mí sobre las nubes

de la miseria.
A torrentes tus ojos despedían
rayos verdes y azules. A torrentes
tu corazón salía hasta tus labios,
latía largamente por tu cuerpo,
por tus piernas hermosas
y goteaba en el pozo de tu boca profunda.
Después de la taberna,
a tientas por la escala,
maldiciendo la luz del nuevo día,
demonio a los veinte años,
entré al salón esa mañana negra.
Y se me heló la sangre al verte muda,
rodeada por las otras,
mudos los instrumentos y las sillas,
y la alfombra de felpa, y los espejos
copiaban en vano tu hermosura.
Un coro de rameras te velaba
de rodillas, oh hermosa
llama de mi placer, y hasta diez velas
honraban con su llanto el sacrificio,
y allí donde bailaste
desnuda para mí, todo era olor
a muerte.
No he podido saciarme nunca en nadie,
porque yo iba subiendo, devorado
por el deseo oscuro de tu cuerpo
cuando te hallé acostada boca arriba,
y me dejaste frío en lo caliente,
y te perdí, y no pude
nacer de ti otra vez, y ya no pude
sino bajar terriblemente solo
a buscar mi cabeza por el mundo.

La salvación

Me enamoré de ti cuando llorabas
a tu novio, molido por la muerte,
y eras como la estrella del terror
que iluminaba al mundo.
Oh cuánto me arrepiento
de haber perdido aquella noche, bajo los árboles,
mientras sonaba el mar entre la niebla
y tú estabas eléctrica y llorosa
bajo la tempestad, oh cuánto me arrepiento
de haberme conformado con tu rostro,
con tu voz y tus dedos,
de no haberte excitado, de no haberte
tomado y poseído,
oh cuánto me arrepiento de no haberte
besado.
Algo más que tus ojos azules, algo más
que tu piel de canela,
algo más que tu voz enriquecida
de llamar a los muertos, algo más que el fulgor
fatídico de tu alma,
se ha encarnado en mi ser, como animal
que roe mis espaldas con sus dientes.
Fácil me hubiera sido morderte entre las flores

como a las campesinas,
darte un beso en la nuca, en las orejas,
y ponerte mi mancha en lo más hondo
de tu herida.
Pero fui delicado,
y lo que vino a ser una obsesión
habría sido apenas un vestido rasgado,
unas piernas cansadas de correr y correr
detrás del instantáneo frenesí, y el sudor
de una joven y un joven, libres ya de la muerte.
Oh agujero sin fin, por donde sale y entra
el mar interminable
oh deseo terrible que me hace oler tu olor
a muchacha lasciva y enlutada
detrás de los vestidos de todas las mujeres.
¿Por qué no fui feroz, por qué no te salvé
de lo turbio y perverso que exhalan los difuntos?
¿Por qué no te preñé como varón
aquella oscura noche de tormenta?

Desde mi infancia vengo mirándolas...

Desde mi infancia vengo mirándolas, oliéndolas,
gustándolas, palpándolas, oyéndolas llorar,
reír, dormir, vivir;
fealdad y belleza devorándose, azote
del planeta, una ráfaga
de arcángel y de hiena
que nos alumbra y enamora,
y nos trastorna al mediodía, al golpe
de un íntimo y riente chorro ardiente.

José Asunción Silva

Poeta y novelista colombiano nacido en Santafé de Bogotá en el año de 1865. Fue el precursor del modernismo en Colombia y está justamente considerado como uno de los más importantes poetas de Latinoamérica. Romántico y modernista, autor de la novela *De sobremesa*, perdió parte de su obra literaria en un naufragio, un año antes de su trágica muerte. Falleció en el año de 1896.

Nocturno

Oh dulce niña pálida, como un montón de oro
de tu inocencia cándida conservas el tesoro;
a quien los más audaces, en locos devaneos,
jamás se han acercado con carnales deseos;
tú, que adivinar dejas inocencias extrañas
en tus ojos velados por sedosas pestañas,
y en cuyos dulces labios —abiertos sólo al rezo—
jamás se habrá posado ni la sombra de un beso...
Dime quedo, en secreto, al oído, muy paso,
con esa voz que tiene suavidades de raso:
si entrevieras dormida a aquel con quien tú sueñas,
tras las horas de baile rápidas y risueñas,
y sintieras sus labios anidarse en tu boca
y recorrer tu cuerpo, y en tu lascivia loca
besar tus pliegues de tibio aroma llenos
y las rígidas puntas rosadas de tus senos;
si en los locos, ardientes y profundos abrazos
agonizar soñar de placer en sus brazos,
por aquél de quien eres todas las alegrías,
¡Oh dulce niña pálida! ¿te despertarías?

Sub-umbra

Tú no lo sabes...más yo he soñado
entre mis sueños color de armiño,
horas de dicha con tus amores,
besos ardientes, quedos suspiros...
Cuando la tarde tiñe de oro
esos espacios que juntos vimos,
cuando mi alma su vuelo emprende
a las regiones de lo infinito,
aunque me olvides, aunque no me ames,
aunque me odies, sueño contigo!

Luz de luna

Ella estaba con él...a su frente
tan bella y tan pálida,
penetrando a través de los vidrios
de la antigua ventana
de la luna distante venían
los rayos de plata.
Él estaba a sus pies. De rodillas
mirando las vagas
visiones que cruzan en horas felices
los cielos del alma.
Con las trémulas manos asidas,
con el mudo fervor de quien ama,
palpitando en los labios los besos,
entrambos hablaban
el mudo lenguaje
sin voz ni palabras
en que, en horas de dicha suprema,
tembloroso el espíritu habla.....
El silencio que crece....la brisa
que besa las ramas
dos seres que tiemblan....la luz de la luna
que el paisaje baña.
¡Amor, un momento, detén allá el vuelo,

murmura tus himnos y pliega las alas!
Anoche, una fiesta
con su grato bullicio animaba
de ese amor el tranquilo escenario.
¡Oh burbujas del rubio champaña!
¡Oh perfume de flores abiertas!
¡Oh girar de desnudas espaldas!
¡Oh cadencia del vals que ya mueve
torbellinos de tules y gasas!
Allí estuvo más linda que nunca;
por el baile tal vez agitada;
se apoyó levemente en mi brazo;
dejamos las salas,
y un instante después penetramos
en la misma estancia
que un año antes no más la había visto
temblando callada,
cerca de él...
Amorosos recuerdos,
tristezas lejanas,
cariñosas memorias que vibran
cual sones de arpas,
tristezas profundas
del amor, que en sollozos estallan,
presión de sus manos,
son de sus palabras,
calor de sus besos,
¿por qué no volvisteis a su alma?
A su pecho no vino un suspiro,
a sus ojos no vino una lágrima,
ni una nube nubló aquella frente
pensativa y pálida
y mirando los rayos de luna

que al través de la reja llegaban,
murmuró con su voz donde vibran,
como notas y cantos y músicas
de campanas vibrantes de plata:
¡Qué valses tan lindos!
¡Qué noche tan clara!

Madrigal

Tu tez rosada y pura, tu formas gráciles
de estatuas de Tanagra, tu olor de lilas,
el carmín de tu boca, de labios tersos;
las miradas ardientes de tus pupilas,
el ritmo de tu paso, tu voz velada,
tus cabellos que suelen, si los despeina
tu mano blanca y fina toda hoyuelada,
cubrirte como fino manto de reina;
tu voz, tus ademanes, tú...no te asombres;
todo eso está ya a gritos pidiendo un hombre.

Melancolía

De todo lo velado,
tenue, lejana y misteriosa surge
vaga melancolía
que del ideal al cielo nos conduce.
He mirado reflejos de ese cielo
en la brillante lumbre
con que ahuyenta las sombras, la mirada
de sus ojos azules.
Leve cadena de oro
que una alma a otra alma con sus hilos une
oculta simpatía,
que en lo profundo de lo ignoto bulle,
y que en las realidades de la vida
se pierde y se consume
cual se pierde una gota de rocío
sobre las yerbas que el sepulcro cubren.

Suspiro

Si en tus recuerdos ves algún día
entre la niebla de lo pasado
surgir la triste memoria mía
medio borrada ya por los años,
piensa que fuiste siempre mi anhelo
y si el recuerdo de amor tan santo
mueve tu pecho, nubla tu cielo,
llena de lágrimas tus ojos garzos;
¡ah, no me busques aquí en la tierra
donde he vivido, donde he luchado,
sino en el reino de los sepulcros
donde se encuentran paz y descanso!

A Adriana

Mientras que acaso piensa tu tristeza
en la patria distante y sientes frío
al mirar donde estás, y el desvarío
de la fiebre conmueve tu cabeza,
yo soñando en tu amor y en tu belleza,
amor jamás por mi desgracia mío
de la profundidad de mi alma, envío
a la pena un saludo de terneza.
Si cuando va mi pensamiento errante
a buscarte en parejas de otro mundo
con la nostalgia se encontrara a solas
sobre las aguas de la mar gigante
entre el cielo purísimo y profundo
y el vaivén infinito de las olas.

Juntos los dos

Juntos los dos reímos cierto día...
¡Ay, y reímos tanto
que toda aquella risa bulliciosa
se tornó pronto en llanto!

Después, juntos los dos, alguna noche,
reímos mucho, tanto,
que quedó como huella de las lágrimas
un misterioso encanto!

Nacen hondos suspiros, de la orgía
entre las copas cálidas
y en el agua salobre de los mares,
se forjan perlas pálidas!

Idilio

—Ella lo idolatró y Él la adoraba...
—¿Se casaron al fin?
—No, señor, Ella se casó con otro.
—¿Y murió de sufrir?
—No, señor, de un aborto.
—¿Y Él, el pobre, puso a su vida fin?
—No, señor, se casó seis meses antes
del matrimonio de Ella, y es feliz.

Edenia

Melancólica y dulce cual la huella
que un sol poniente deja en el azul
cuando baña a lo lejos los espacios
con los últimos rayos de su luz
mientras tiende la noche por los cielos
de la penumbra el misterioso tul.

Suave como el canto que el poeta
en un suspiro involuntario da,
pura como las flores entreabiertas
de la selva en la agreste oscuridad
do detenido en las musgosas ramas
no filtra un rayo de la luz solar.

Mujer, toda mujer ardiente, casta
alumbrada con luz de lo ideal...
Radiante de virtud y de belleza
como mi alma la llegó a soñar,
¿en sus sueños de cándida ternura
así la encontrará?

¿Recuerdas?

¿Recuerdas?.... Tú no recuerdas
aquellas tardes tranquilas
en que en la vereda angosta
que conduce a tu casita
plegaban a tu contacto
sus hojas las sensitivas
como al poder misterioso
del amor tu alma de niña...
En la oscuridad pasaban
las luciérnagas cual chispas
que bajo la yerba espesa
nuestros dedos perseguían.
¡Así también, en las horas
de mis años de desdicha
cruzaban por entre sombras
mis esperanzas perdidas!...
¿Recuerdas?... Tú no recuerdas
la cruz de mayo que hicimos
con violetas silvestres
y con sonrosados lirios
bajo el frondoso ramaje
de tu árbol favorito.
Como una lluvia de perlas

sobre blanco raso níveo
brillaba por los [...]
en las hojas del rocío!
Y los pájaros cantores
hicieron cerca sus nidos...
Después pasé una mañana
y vi tu ramo marchito
como mi pasión ardiente
por tu infamia y tus desvíos.
¿Recuerdas?... Tú no recuerdas
más de esa noche amorosa,
la lumbre de tus pupilas,
el aliento de tu boca
entreabierta y perfumada
como un botón de magnolia,
los murmullos argentinos
del agua bajo las frondas,
el brillo de las estrellas
y las esencias ignotas
que derramaron los genios
en las brisas cariñosas,
quedaron como una huella
que el tiempo aleve no borra
¡ay! para toda la vida
¡escritas en la memoria!
¿Recuerdas?... Tú no recuerdas
pero yo, cuando levanta
el crepúsculo sombrío
del fondo de las cañadas
y las tristezas inmensas
de lo profundo del alma
al pasado fugitivo
tiendo la vista cansada

y nuestra historia de amores
hacia mí tiende las alas.
¡Cuando en las horas nocturnas
cabe el esposo que te ama
tu agitado pensamiento
tenga segundos de calma
de aquella pasión extinta
¡jamás te acuerdes, ingrata!
¿Recuerdas?... Tú no recuerdas
la tarde aquella en que juntos
bajamos de la colina,
tus grandes ojos oscuros
se anegaban en los rayos
sonrosados del crepúsculo
y tu voz trémula y triste
como un lejano murmullo
me hablaba de los temores
de tu cuerpo moribundo!
Si hubieras entonces muerto
cómo amara tu sepulcro
ahora, cuando te veo
feliz gozar de tus triunfos
tan sólo asoma a mis labios
una sonrisa de orgullo!

Asómate a mi alma...

Asómate a mi alma
en momentos de calma,
y tu imagen verás, sueño divino,
temblar allí como en el fondo oscuro
de un lago cristalino.

Leopoldo Lugones

Poeta argentino nacido en la Villa del Río Seco, Córdoba en 1874, en el seno de un hogar de recia estirpe. A raíz de un revés de fortuna de su familia, se trasladó muy joven a Buenos Aires donde inició una clamorosa carrera como intelectual bajo el pseudónimo de "Gil Paz". Ardorosamente discutido o ensalzado desde entonces, su actividad la ejerció también en el periodismo, ocupando varios cargos en su país y en el exterior, que lo llevaron a radicarse en París en 1924. En 1938, con enorme y trágica sorpresa de quienes lo querían y admiraban, se quitó la vida en Buenos Aires.

Paradisiaca

Cabe una rama en flor busqué tu arrimo.
La dorada serpiente de mis males
circuló por tus púdicos cendales
con la invasora suavidad de un mimo.
Sutil vapor alzábase del limo
sulfurando las tintas otoñales
del Poniente, y brillaba en los parrales
la transparencia ustoria del racimo.
Sintiendo que el azul nos impelía
algo de Dios, tu boca con la mía
se unieron en la tarde luminosa,
bajo el caduco sátiro de yeso.
y como de una cinta milagrosa
ascendí suspendido de tu beso.

Conjunción

Sahumáronte los pétalos de acacia
que para adorno de tu frente arranco,
y tu nervioso zapatito blanco
llenó toda la tarde con su gracia.
Abrióse con erótica eficacia
tu enagua de surá, y el viejo banco
sintió gemir sobre tu activo flanco
el vigor de mi torva aristocracia.
Una resurrección de primaveras,
llenó la tarde gris, y tus ojeras,
que avivó la caricia fatigada,
que fantasearon en penumbra fina,
las alas de una leve golondrina
suspensa en la inquietud de tu mirada.

Oceánida

El mar, lleno de urgencias masculinas,
bramaba alrededor de tu cintura,
y como un brazo colosal, la oscura
ribera te amparaba. En tus retinas,

y en tus cabellos, y en tu astral blancura,
rieló con decadencias opalinas,
esa luz de las tardes mortecinas
que en el agua pacífica perdura.

Palpitando a los ritmos de tu seno,
hinchóse en una ola el mar sereno;
para hundirte en sus vértigos felinos

su voz te dijo una caricia vaga,
y al penetrar entre tus muslos finos,
la onda se aguzó como una daga.

El astro propicio

Al rendirse tu intacta adolescencia,
emergió, con ingenuo desaliño,
tu delicado cuello, del corpiño
anchamente floreado. En la opulencia,
del salón solitario, mi cariño
te brindaba su equívoca indulgencia
sintiendo muy cercana la presencia
del duende familiar, rosa y armiño.
Como una cinta de cambiante falla,
tendía su color sobre la playa
la tarde. Disolvía tus sonrojos,
en insidiosas mieles mi sofisma,
y desde el cielo fraternal, la misma
estrella se miraba en nuestros ojos.

Venus victa

Pidiéndome la muerte, tus collares
desprendiste con trágica alegría
y en su pompa fluvial la pedrería
se ensangrentó de púrpuras solares.
Sobre tus bizantinos alamares
gusté infinitamente tu agonía,
a la hora en que el crepúsculo surgía
como un vago jardín tras de los mares.
Cincelada por mi estro, fuiste bloque
sepulcral, en tu lecho de difunta;
y cuando por tu seno entró el estoque
con argucia feroz su hilo de hielo,
brotó un clavel bajo su fina punta
en tu negro jubón de terciopelo.

Nocturno

Grave fue nuestro amor, y más callada
aquella noche frescamente umbría,
polvorosa de estrellas se ponía
cual la profundidad de una cascada.
Con la íntima dulzura del suceso
que abandonó mis labios tus sonrojos,
delirados de sombra vi tus ojos
en la embebida asiduidad del beso.
Y lo que en ellos se asomó a mi vida,
fue tu alma, hermana de mi desventura,
avecilla poética y oscura
que aleteaba en tus párpados rendida.

Claro fue nuestro amor...

Claro fue nuestro amor; y al fresco halago
plenilunar, con música indecisa,
el arco vagaroso de la brisa
trémulas cuerdas despertó en el lago.
En la evidencia de sin par fortuna,
dieron senda de luz a mis afanes
tus ojos de pasión, ojos sultanes,
ojos que amaban húmedos de luna.
Con dorado de joya nunca vista,
tu mirada agravaba su desmayo.
y removía su ascua en aquel rayo
la inquietud de león de mi conquista.

Romance del perfecto amor

Oye, Amada, la noche. Qué serena
la luna se levanta
sobre la mar y sobre tu hermosura.
La noche canta.
Oye, Amada, la fuente. En lo profundo
de la calma sonora,
con música más dulce que ese canto,
la fuente llora.
Oye, Amada, el silencio. Qué reposo
de pasión, de congoja y de batalla.
Reina la perfección sobre los lirios.
La dicha calla.

Oda a la desnudez

¡Qué hermosas las mujeres de mis noches!
En sus carnes, que el látigo flagela,
pongo mi beso adolescente y torpe,
como el rocío de las noches negras
que restaña las llagas de las flores.
Pan dice los maitines de la vida
en su rústico pífano de roble,
y Canidia compone en su redoma
los filtros del pecado, con el polen
de rosas ultrajadas, con el zumo
de fogosas cantáridas. El cobre
de un címbalo repica en las tinieblas,
reencarnan en sus mármoles los dioses,
y las pálidas nupcias de la fiebre
florecen como crímenes; la noche,
su negra desnudez de virgen cafre
enseña engalanada de fulgores
de estrellas, que acribillan como heridas
su enorme cuerpo tenebroso. Rompe
el seno de una nube y aparece
crisálida de plata, sobre el bosque,
la media luna, como blanca uña,
apuñaleando un seno; y en la torre

donde brilla un científico astrolabio,
con su mano hierática, está un monje
moliendo junto al fuego la divina
pirita azul en su almirez de bronce.
Surgida de los velos aparece
(ensueño astral) mi pálida consorte,
temblando en su emoción como un sollozo,
rosada por el ansia de los goces
como divina brasa de incensario.
Y los besos estallan como golpes.
Y el rocío que baña sus cabellos
moja mi beso adolescente y torpe;
y gimiendo de amor bajo las torvas
virilidades de mi barba, sobre
las violetas que la ungen, exprimiendo
su sangre azul en sus cabellos nobles,
palidece de amor como una grande
azucena desnuda ante la noche.
¡Ah! muerde con tus dientes luminosos,
muerde en el corazón las prohibidas
manzanas del Edén; dame tus pechos,
cálices del ritual de nuestra misa
de amor; dame tus uñas, dagas de oro,
para sufrir tu posesión maldita;
el agua de sus lágrimas culpables;
tu beso en cuyo fondo hay una espina.
Mira la desnudez de las estrellas;
la noble desnudez de las bravías
panteras de Nepal, la carne pura
de los recién nacidos; tu divina
desnudez que da luz como una lámpara
de ópalo, y cuyas vírgenes primicias
disputaré al gusano que te busca,

para morderte con su helada encía
el panal perfumado de tu lengua,
tu boca, con frescuras de piscina.
Que mis brazos rodeen tu cintura
como dos llamas pálidas, unidas
alrededor de una ánfora de plata
en el incendio de una iglesia antigua.
Que debajo mis párpados vigilen
la sombra de tus sueños mis pupilas
cual dos fieras leonas de basalto
en los portales de una sala egipcia.
Quiero que ciña una corona de oro
tu corazón, y que en tu frente lilia
caigan mis besos como muchas rosas,
y que brille tu frente de Sibila
en la gloria cirial de los altares,
como una hostia de sagrada harina;
y que triunfes, desnuda como una hostia,
en la pascua ideal de mis delicias.
¡Entrégate! La noche bajo su amplia
cabellera flotante nos cobija.
Yo pulsaré tu cuerpo, y en la noche
tu cuerpo pecador será una lira.

Tentación

Calló por fin el mar, y así fue el caso:
En un largo suspiro violeta,
se extenuaba de amor la tarde quieta
con la ducal decrepitud del raso.
Dios callaba también; una secreta
inquietud expresábase en tu paso;
la palidez dorada del ocaso
recogía tu lánguida silueta.
El campo en cuyo trebolar maduro
la siembra palpitó como una esposa,
contemplaba con éxtasis impuro
tu media negra; y una silenciosa
golondrina rayaba el cielo rosa,
como un pequeño pensamiento oscuro.

El *éxtasis*

Dormía la arboleda; las ventanas
llenábanse de luz como pupilas;
las sendas grises se tornaban lilas;
cuajábanse la luz en densas granas.
La estrella que conoce por hermanas
desde el cielo tus lágrimas tranquilas,
brotó, evocando al son de las esquilas,
el rústico Belén de las aldeanas.
Mientras en las espumas del torrente
deshojaba tu amor sus primaveras
de muselina, relevó el ambiente
la armoniosa amplitud de tus caderas,
y una vaca mugió sonoramente
allá, por las sonámbulas praderas.

Delectación amorosa

La tarde, con ligera pincelada
que iluminó la paz de nuestro asilo,
apuntó en su matiz crisoberilo
una sutil decoración morada.
Surgió enorme la luna en la enramada;
las hojas agravaban su sigilo,
y una araña, en la punta de su hilo,
tejía sobre el astro, hipnotizada.
Poblose de murciélagos el combo
cielo, a manera de chinoso biombo.
Tus rodillas exangües sobre el plinto
manifestaban la delicia inerte,
y a nuestros pies un río de jacinto
corría sin rumor hacia la muerte.

La alcoba solitaria

El diván dormitaba; las sortijas
brillaban frente a la oxidada aguja,
y un antiguo silencio de Cartuja
bostezaba en las lúgubres rendijas.
Sentía el violín entre prolijas
sugestiones, cual lánguida burbuja,
flotar su extraña anímula de bruja
ahorcada en las unánimes clavijas.
No quedaba de ti más que una gota
de sangre pectoral, sobre la rota
almohada. El espejo opalescente
estaba ciego. Y en el fino vaso,
como un corsé de inviolable raso
se abría una magnolia dulcemente.

Las manos entregadas

El insinuante almizcle de las bramas
se esparcía en el viento, y la oportuna
selva estaba olorosa como una
mujer. De los extraños panoramas
surgiste en tu cendal de gasa bruna,
encajes negros y argentinas lamas,
con tus brazos desnudos que las ramas
lamían, al pasar, ebrias de luna.
La noche se mezcló con tus cabellos,
tus ojos anegáronse en destellos
de sacro amor; la brisa de las lomas
te envolvió en el frescor de los lejanos
manantiales, y todos los aromas
de mi jardín sintetizó en tus manos.

Holocausto

Llenábanse de noche las montañas,
y a la vera del bosque aparecía
la estridente carreta que volvía
de un viaje espectral por las campañas.
Compungíase el viento entre las cañas,
y asumiendo la astral melancolía,
las horas prolongaban su agonía
paso a paso a través de tus pestañas.
La sombra pecadora a cuyo intenso
influjo arde tu amor como el incienso
en apacible combustión de aromas,
miró desde los sauces lastimeros,
en mi alma un extravío de corderos
y en tu seno un degüello de palomas.

Paseo sentimental

Íbamos por el pálido sendero
hacia aquella quimérica comarca,
donde la tarde, al rayo del lucero,
se pierde en la extensión como una barca.

Deshojaba tu amor su blanca rosa
en la melancolía de la estrella,
cuya luz palpitaba temerosa
como la desnudez de una doncella.

El paisaje gozaba su reposo
en frescura de acequia y de albahaca.
Retardando su andar, ya misterioso,
lenta y oscura atravesó la vaca.

La feliz soledad de la pradera
te abandonaba en égloga exquisita
y el vibrante silencio sólo era
la pausa de una música infinita.

Púsose la romántica laguna
sombríamente azul, más que de cielo,
de serenidad grave, como una
larga quejumbre de "violoncello".

La ilusión se aclaró con indecisa
debilidad de tarde en tu mirada,
y blandamente perfumó la brisa,
como una cabellera desatada.

La emoción del amor que con su angustia
de dulce enfermedad nos desacerba,
era el silencio de la tarde mustia
y la piedad humilde de la hierba.

Humildad olorosa y solitaria
que hacia el lívido ocaso decaía,
cual si la tierra, en lúgubre plegaria,
se postrase ante el cielo en agonía.

Al sentir más cordial tu brazo tierno,
te murmuré, besándote en la frente,
esas palabras de lenguaje eterno,
que hacen cerrar los ojos dulcemente.

Tus labios, en callada sutileza,
rimaron con los míos ese idioma,
y así, en mi barba de leal rudeza,
fuiste la salomónica paloma.
Ante la demisión de aquella calma
que tantos desvaríos encapricha,
sentí en el beso estremecerse tu alma,
al borde del abismo de la dicha.

Mas en la misma atónita imprudencia
de aquel frágil temblor de porcelana,
a mi altivez confiaste tu inocencia
con una fiel seguridad de hermana,

y de mi propio triunfo prisionero,
me ennobleció la legendaria intriga
que sufre tanto aciago caballero
portante el mal de rigorosa amiga.

Sonaba aquel cantar de los rediles
tan dulce que parece que te nombra,
y florecía estrellas pastoriles
el inmenso ramaje de la sombra.

La noche armonizábase oportuna
con la emoción del cántico errabundo,
y la voz religiosa de la luna
iba encantando suavemente al mundo.

Sol del ensueño, a cuya magia blanca
conservas, perpetuado por mi afecto,
el azahar que inmarcesible arranca
la novia eterna del amor perfecto.

Tonada montañesa que atestigua
una quejosa intimidad de amores,
apalabrando con su letra antigua
"El dulce lamentar de dos pastores"

Y vino el llanto a tu alma taciturna,
en esa plenitud de amor sombríos
con que deja correr la flor nocturna
su venturoso exceso de rocío;

desvanecida de tristeza, cuando
pues, ¡quién no sentirá la paz agreste
un plenilunio lánguido y celeste
cifre el idilio en que se muere amando!

Bajo esa calma en que el deseo abdica,
yo fui aquel que asombró a la desventura,
ilustre de dolor como el pelícano
en la fiera embriaguez de su amargura.

Así purificados de infortunio,
en ilusión de cándida novela,
bogamos el divino plenilunio
como debajo de una blanca vela.

Íbamos por el pálido camino
hacia aquella quimérica comarca,
donde la luna, al dejo vespertino,
vuelve de la extensión como una barca.

Y ante el favor sin par de la fortuna
que te entregaba a mi pasión rendida,
con qué desgaire comulgué en la luna
la rueda de molino de la vida.

Difluía a lo lejos la inconclusa
flauta del agua, musical delirio;
y en él embebecida mi alma ilusa,
fue simple como el asno y como el lirio.

Sonora noche, en que como un cordaje
la sombra azul nos dio su melodía.
Claro de luna que, al nupcial viaje,
alas de cisne en su blancura abría...

Aunque la verdad grave de la pena
bien sé que pronto los ensueños trunca,

cada vez que te beso me enajena
la ilusión de que no hemos vuelto nunca.

Porque esa dulce ausencia sin regreso,
y ese embeleso en victorioso alarde,
glorificaban el favor de un beso,
una tarde de amor... Como esa tarde...

Los doce gozos

Cabe una rama en flor busqué tu arrimo.
La dorada serpiente de mis males
circuló por tus púdicos cendales
con la invasora suavidad de un mimo.
Sutil vapor alzábase del limo
sulfurando las tintas otoñales
del Poniente, y brillaba en los parrales
la transparencia ustoria del racimo.
sintiendo que el azul nos impelía
algo de Dios, tu boca con la mía
se unieron en la tarde luminosa
bajo el caduco sátiro de yeso.
Y como de una cinta milagrosa
ascendí suspendido de tu beso.

El canto de la angustia

Yo andaba solo y callado
Porque tú te hallabas lejos;
y aquella noche
Te estaba escribiendo,
Cuando por la casa desolada
Arrastró el horror su trapo siniestro.

Brotó la idea, ciertamente,
De los sombríos objetos:
El piano,
El tintero,
La borra de café en la taza,
y mi traje negro.

Sutil como las alas del perfume
Vino tu recuerdo.
Los ojos de joven cordial y triste,
Tus cabellos,
Como un largo y suave pájaro
De silencio.
(Los cabellos que resisten a la muerte
Con la vida de la seda, en tanto misterio).
Tu boca donde suspira

La sombra interior habitada por los sueños.
Tu garganta,
Donde veo
Palpitar como un sollozo de sangre,
La lenta vida en que te mece durmiendo.

Un vientecillo desolado,
Más que soplar, tiritaba en soplo ligero.
Y entre tanto,
El silencio,
Como una blanda y suspirante lluvia
Caía lento.

Caía de la inmensidad,
Inmemorial y eterno.
Adivinábase afuera
Un cielo,
Peor que oscuro:
Un angustioso cielo ceniciento.

Y de pronto, desde la puerta cerrada
Me dio en la nuca un soplo trémulo,
y conocí que era la cosa mala
De las cosas solas, y miré el blanco techo.
Diciéndome: "Es una absurda
Superstición, un ridículo miedo."
Y miré la pared impávida.
Y noté que afuera había parado el viento.
¡Oh aquel desamparo exterior y enorme
Del silencio!
Aquel egoísmo de puertas cerradas
Que sentía en todo el pueblo.
Solamente no me atrevía

A mirar hacia atrás,
Aunque estaba cierto
De que no había nadie;
Pero nunca,
¡Oh, nunca habría mirado de miedo!
Del miedo horroroso
De quedarme muerto.

Poco a poco, en vegetante
Pululación de escalofrío eléctrico,
Erizáronse en mi cabeza
Los cabellos.
Uno a uno los sentía,
y aquella vida extraña era otro tormento.

Y contemplaba mis manos
Sobre la mesa, qué extraordinarios miembros;
Mis manos tan pálidas,
Manos de muerto.
y noté que no sentía
Mi corazón desde hacía mucho tiempo.
Y sentí que te perdía para siempre,
Con la horrible certidumbre de estar despierto.
y grité tu nombre
Con un grito interno,
Con una voz extraña
Que no era la mía y que estaba muy lejos.
Y entonces, en aquel grito,
Sentí que mi corazón muy adentro,
Como un racimo de lágrimas,
Se deshacía en un llanto benéfico.

Manuel Machado

Poeta español nacido en Sevilla en 1874. A los vein-
titrés años obtuvo su Licenciatura de Filosofía y Letras y
se trasladó a París, donde trabajó como traductor de Casa
Garnier. A su regreso a España se hizo cargo de la Biblio-
teca Nacional, y desde 1938 en plena guerra civil, fue
elegido miembro de la Real Academia de la Lengua. Fa-
lleció en el año de 1947. Entre sus obras más destacadas
figuran "Cadencias de Cadencias" y "Horario"

La primavera

¡Oh, el sotto voce balbuciente, oscuro,
de la primer lujuria!... ¡Oh, la delicia
del beso adolescente, casi puro!...
¡Oh, el no saber de la primer caricia!...
¡Despertarse de amor entre cantares
y humedad del jardín, llanto sin pena,
divina enfermedad que el alma llena,
primera mancha de los azahares!...
Ángel, niño, mujer.... Los sensuales
ojos adormilados y anegados
en inauditas savias incipientes...
¡Y los rostros de almendra, virginales,
como flores al sol aurirrosados,
en los campos de mayo sonrientes!

Antífona

Ven, reina de los besos, flor de orgía,
amante sin amores, sonrisa loca...
Ven, que yo sé la pena de tu alegría
y el rezo de amargura que hay en tu boca.
Yo no te ofrezco amores que tú no quieres;
conozco tu secreto, virgen impura:
amor es enemigo de los placeres
en que los dos ahogamos nuestra amargura.
Amarnos... ¡Ya no es tiempo de que me ames!
A ti y a mí nos llevan olas sin leyes.
¡Somos a un mismo tiempo santos e infames,
somos a un mismo tiempo pobres y reyes!
¡Bah! Yo sé que los mismos que nos adoran
en el fondo nos guardan algún desprecio.
Y justas son las voces que nos desdoran...
Lo que vendemos ambos no tiene precio.
Así, los dos, tú amores, yo poesía,
damos por oro a un mundo que despreciamos...
¡Tú, tu cuerpo de diosa; yo, el alma mía!...
Ven y reiremos juntos mientras lloramos.
Joven quiere en nosotros naturaleza
Hacer, entre poemas y bacanales,
el imperial regalo de la belleza,

luz, a la oscura senda de los mortales.
¡Ah! Levanta la frente, flor siempreviva,
que das encanto, aroma, placer, colores...
Diles con esa fresca boca lasciva...
¡que no son de este mundo nuestros amores!
Igual camino en suerte nos ha cabido.
Un ansia igual que nos lleva, que no se agota,
hasta que se confundan en el olvido
tu hermosura podrida, mi lira rota.
Crucemos nuestra calle de amargura
levantadas las frentes, juntas las manos...
¡Ven tú conmigo, reina de la hermosura;
hetairas y poetas somos hermanos!

Ausencia

No tienes quien te bese
tus labios de grana,
ni quien tu cintura elástica estreche,
dice tu mirada.
No tienes quien hunda
las manos amantes
en tu pelo hermoso, y a tus ojos negros
no se asoma nadie.
Dice tu mirada
que de noche, a solas,
suspiras y dices en la sombra tibia
las terribles cosas...
Las cosas de amores
que nadie ha escuchado,
esas que se dicen los que bien se quieren
a eso de las cuatro.
A eso de las cuatro
de la madrugada,
cuando invade un poco de frío la alcoba
y clarea el alba.
Cuando yo me acuesto,
fatigado y solo,
pensando en tus labios de grana, en tu pelo
y en tus ojos negros....

¿Te acuerdas?

Es noche. La inmensa
palabra es silencio...
Hay entre los árboles
un grave misterio...
El sonido duerme,
el color se ha muerto.
La fuente está loca,
y mudo está el eco.
¿Te acuerdas?... En vano
quisimos saberlo...
¡Qué raro! ¡Qué oscuro!
¡Aún crispa mis nervios,
pasando ahora mismo
tan sólo el recuerdo,
como si rozado
me hubiera un momento
el ala peluda
de horrible murciélago!...
Ven, ¡mi amada! Inclina
tu frente en mi pecho;
cerremos los ojos;
no oigamos, callemos...
¡Como dos chiquillos

que tiemblan de miedo!
La luna aparece,
las nubes rompiendo...
La luna y la estatua
se dan un gran beso...

Encajes

Alma son de mis cantares,
tus hechizos...
Besos, besos
a millares. Y en tus rizos,
besos, besos a millares.
¡Siempre amores! ¡Nunca amor!
Los placeres
van de prisa:
una risa
y otra risa,
y mil nombres de mujeres,
y mil hojas de jazmín
desgranadas
y ligeras...
Y son copas no apuradas,
y miradas
pasajeras,
que desfloran nada más.
Desnudeces,
hermosuras,
carne tibia y morbideces,
elegancias y locuras...
No me quieras, no me esperes...
¡No hay amor en los placeres!
¡No hay placer en el amor!

El querer

En tu boca roja y fresca
beso, y mi sed no se apaga,
que en cada beso quisiera
beber entera tu alma.

Me he enamorado de ti
y es enfermedad tan mala,
que ni la muerte la cura,
¡bien lo saben los que aman!

Loco me pongo si escucho
el ruido de tu charla,
y el contacto de tu mano
me da la vida y me mata.

Yo quisiera ser el aire
que todo entera te abraza,
yo quisiera ser la sangre
que corre por tus entrañas.

Son las líneas de tu cuerpo
el modelo de mis ansias,
el camino de mis besos
y el imán de mis miradas.

Siento al ceñir tu cintura
una duda que me mata
que quisiera en un abrazo
todo tu cuerpo y tu alma.

Estoy enfermo de ti,
de curar no hay esperanza,
que en la sed de este amor loco
tú eres mi sed y mi agua.

Maldita sea la hora
en que contemplé tu cara,
en que vi tus ojos negros
y besé tus labios grana.

Maldita sea la sed
y maldita sea el agua,
maldito sea el veneno
que envenena y que no mata.

En tu boca roja y fresca
beso, y mi sed no se apaga,
que en cada beso quisiera
beber entera tu alma.

Misterio

En sueños te conocí,
y, del amor peregrino,
he adivinado el camino
para llegar hasta ti.
Tras de aquel sueño corrí
con el dulce y loco empeño
de ser tu esclavo y tu dueño...
Pero aún tú no me contaste
por qué camino llegaste
a penetrar en mi sueño.

Las mujeres de Romero de Torres

Rico pan de esta carne morena, moldeada
en un aire caricia de suspiro y aroma...
Sirena encantadora y amante fascinada,
los cuellos enarcados, de sierpe o de paloma...

Vuestros nombres, de menta y de ilusión sabemos:
Carmen, Lola, Rosario... Evocación del goce,
Adela... Las mujeres que todos conocemos,
que todos conocemos ¡y nadie las conoce!

Naranjos, limoneros, jardines, olivares,
lujuria de la tierra, divina y sensual,
que vigila la augusta presencia del ciprés.

En este fondo, esencia de flores y cantares,
os fijó para siempre el pincel inmortal
de nuestro inenarrable Leonardo cordobés.

Retrato

Ésta es mi cara y ésta es mi alma: leed.
Unos ojos de hastío y una boca de sed...
Lo demás, nada... Vida... Cosas... Lo que se sabe...
Calaveradas, amoríos... Nada grave,
un poco de locura, un algo de poesía,
una gota del vino de la melancolía...
¿Vicios? Todos. Ninguno... Jugador, no lo he sido;
ni gozo lo ganado, ni siento lo perdido.
Bebo, por no negar mi tierra de Sevilla,
media docena de cañas de manzanilla.
Las mujeres... — sin ser un tenorio, ¡eso no! —,
tengo una que me quiere y otra a quien quiero yo.

Me acuso de no amar sino muy vagamente
una porción de cosas que encantan a la gente...
La agilidad, el tino, la gracia, la destreza,
más que la voluntad, la fuerza, la grandeza...
Mi elegancia es buscada, rebuscada. Prefiero,
a olor helénico y puro, lo "chic" y lo torero.
Un destello de sol y una risa oportuna
amo más que las languideces de la luna
Medio gitano y medio parisién — dice el vulgo —,
con Montmartre y con la Macarena comulgo...

Y antes que un tal poeta, mi deseo primero
hubiera sido ser un buen banderillero.
Es tarde... Voy de prisa por la vida. Y mi risa
es alegre, aunque no niego que llevo prisa.

Figulinas

¡Qué bonita es la princesa!
¡Qué traviesa!
¡Qué bonita!
¡La princesa pequeñita
de los cuadros de Watteau!

¡Yo la miro, yo la admiro,
yo la adoro!
Si suspira, yo suspiro;
si ella llora, también lloro;
si ella ríe, río yo.

Cuando alegre la contemplo,
como ahora, me sonríe...
Y otras veces su mirada
en los aires se deslíe,
pensativa...

¡Si parece que está viva
la princesa de Watteau!
Al pasar la vista hiere,
elegante,
y ha de amarla quien la viere.

... Yo adivino en su semblante
que ella goza, goza y quiere,
vive y ama, sufre y muere...
¡Como yo!

Porfirio Barba Jacob

*P*oeta colombiano nacido en Santa Rosa de Osos en 1885. La vida del poeta fue un continuo y desgarrado peregrinaje por diversos países de América. Estuvo radicado en Guatemala, Honduras, Costa Rica, El Salvador, Cuba, Perú y México, colaborando en toda suerte de publicaciones literarias y políticas. Su espíritu errabundo, lleno de pasión y de nostalgia, formó parte esencial de su obra, signada además por la angustia y la sensualidad. Murió en México en el año de 1942.

Nuevas estancias

El aire es tierno, lácteo, da dulzura.
Miro en la luz vernal arder las rosas
y gozo de su efímera ventura...
¡Cuántas no se abrirán, aun más hermosas!

Estos que vi de niños, han trocado
en ardor sus anhelos inocentes,
y se enlazan y ruedan por el prado...
¡Cuántos no se amarán, aun más ardientes!

La tarde está muriendo, y el marino
soplo rasga sus velos y sus tules,
franjados por el ámbar ponentino...
¡Cuántas no brillarán, aun más azules!

Cintia deleitosa

Como una flor arcana, llameando
bajo el turquí del cielo apareció.
Fue su amor mi almohada matutina;
su seno azul, de gota coralina
en el pezón, de noche mi almohada.

Y era esencia tan dulce y regalada
la de su carne en flor, la de su boca
por enjambres de besos habitada,
la de su axila, ¡leche con canela!,
que un ansia de gozarla me extenuó.

Cintia concentra la onda de la vida.
el campo es de Ella y grana para Ella.
Mi sangre está en su carne consumida;
su alma radia con mi luz ardida,
y ella está en mí porque yo estoy en Ella.

—Dame tu axila, ¡leche con canela!
Dame tu beso, dámelo, y la lengua
fina y caliente y roja y ternezuela...

—¡Ay! ¡Ay! ¡Ay!
fatiga dulce, letal desvarío...
—¡Ay! ¡Ay! ¡Ay!
No más, amorcito mío,
que me muero...

No tardaré, no llores

No tardaré. No llores.
Yo para ti he cogido
del áspero romero azules flores;
las aves en su nido;
cristales en las grutas;
las mariposas en su vuelo incierto;
y de los viejos árboles del huerto
las sazonadas frutas.
Y he aprendido las lánguidas querellas
que cantan al bajar de la montaña
los grupos de doncellas; y la conseja extraña
que, mientras silba ronco
el viento en la vetusta chimenea,
cuenta alrededor del encendido tronco
el viejo de la aldea.

La carne ardiente

En un jardín de aquel país horrendo
hallé a Fantina, de ojos maternales
y desnudeces mórbidas, tejiendo
guirnaldas con las rosas vesperales.

Y cual las agujas túrbidas de un río
que rompe un viento en procelosa huella,
gimió de amor mi corazón sombrío
y suspiró mi mocedad por Ella.

"Fantina —dije con ahogadas voces
que al brotar abrasábanme la lengua—,
quiero hundir mis mejillas en la falda
de tu traje, que apenas roza el viento,
entreverar un lirio en tu guirnalda
y ungir tus trenzas con precioso ungüento".

La vi volverse, rígida y sañuda,
por esquivarme el juvenil encanto:
¡quizá en mis voces se sintió desnuda
y la vergüenza desató su llanto!

En la tórrida noche cenicienta
de ondas pesadas, que al jardín caía,
miré mi carne ansiosa y opulenta,
¡y en un rojizo resplandor ardía!

Canción del día fugitivo

Como en lo antiguo un día, nuestro día
demos al goce estéril...
Y tú tienes, ¡oh Iamma!, ¡oh carne mía!,
toda la melodía del instante
en la blancura azul de tu semblante.

Déjame que circunde
tu frente con mis besos.

Por quién sabe qué sinos de la hondura,
o acaso por qué númenes divinos,
al cantar las alondras a Eva pura
oí el cantar, y confundí los trinos.

Y fuéme el día gárrulo mancebo
de íntima albura, y ojiazul, y tibio,
y fuéme el viento
y el mar ambiguo...

El amor en mi sangre se hacía llamaradas.
Mis sienes vi de lampos circundadas.
En mi jardín precipitaron
sus mieles las granadas.

Fulgían los luceros, afluían las hadas,
y yo quise volar a cumbres nunca holladas.

Pero mi ardor interno me fue melancolía.
Todo el humano impulso lo circunscribe el día,
el pequeñuelo círculo del día,
burbuja de ilusión, burbuja vana
en que flotas, ¡oh Iamma!, ¡oh carne mía!,
y que es ahora y no será mañana...

Recuerdo vagamente, como en sueños
se evoca a veces un antiguo ensueño.
Bajo el ala de luz del alba pura
que anuncia el parto místico del día,
tu mano azúlea, de viril factura,
guiaba el carro en la extensión madura
del valle que en octubre descendía.

Un viento, un viento hería el espigal,
y el rumor de las eras en el viento
tras el viento salíalo a alcanzar.
Con su oro viejo, líquenes ducales
historiaban del álamo los nudos,
y había una asamblea de zorzales
por los racimos castos y desnudos.
Un viento, un viento hería el espigal,
y el rumor en el viento, tras el viento,
era como un plañir y un no lograr.

A sus rejas, la novia del labriego,
fértil y matinal, vimos ceñida:
la besa él y la colora luego
rubor de amor, ¡oh poma de la vida!

Y cantas tú, ¡oh Iamma! Y el son del espigal,
la onda eolia, el melódico fluir,
¡suénanme a un no decir y un sí otorgar!
Suspenso yo del amoroso instante,
tu acto primo, original y bello,
húmedo de la leche azul del día
y aun en sus nieblas matinales trémulo,
quise en su maravilla eternizar,
con su fluir,
con su ondular,
entre el rumor
del espigal,
en la dulzura
del vivir.

¿Dónde está mi visión: el parto místico,
el oro del octubre, el carro, el día,
tu voz dilecta, tu ademán jocundo,
en fin, la realidad suma y perfecta
de aquella hora del mundo,
con su fluir,
con su ondular,
entre el rumor
del espigal,
en la dulzura
del vivir?

Como el tono del mar cuaja en la perla,
cuaje en esta canción aquel rumor:
¡sea un lamento
que va en el viento
por mi temblor y mi dolor
el día dulce de tu amor!

¡El día! ¡El día! Su ligera túnica,
guarnecida de iris de burbujas,
deja sólo al flotar pavesa triste.
Amor, Dolor, Ensueño... ¡El Alma
era grande y el día era pequeño!

Pero en venganza lúgubre, este día
es para el goce estéril;
y tú tienes, ¡oh Iamma!, ¡oh carne mía!,
toda la melodía del instante
en la blancura azul de tu semblante...

Segunda canción sin motivo

Con mi ensueño de brumas, con tu claro rubí,
¡oh tarde!, estoy en ti y estás en mí,
por milagrosa e íntima fusión...
Antes del gran silencio de las estrellas, di:
¿de qué divina mente formamos la ilusión?

Por mi ensueño de brumas, por tu claro rubí,
¡oh tarde muda y bella!, gime mi corazón.

Elegía del marino ilusorio

Pensando estoy... Mi pensamiento tiene
ya el ritmo, ya el color, ya el ardimiento
de un mar que alumbran fuegos ponentinos.
A la borda del buque van danzando,
ebrios del mar, los jóvenes marinos.

Pensando estoy... Yo, cómo ceñiría
la cabeza encrespada y voluptuosa
de un joven, en la playa deleitosa,
cual besa el mar con sus lenguas el día.
Y cómo de él cautivo, temblando, suspirando,
contra la Muerte
su juventud indómita, tierno, protegería.
Contra la Muerte,
su silueta ilusoria vaga en mi poesía.

Morir... ¿Conque esta carne cerúlea, macerada
en los jugos del mar, suave y ardiente,
será por el dolor acongojada?
Y el ser bello en la tierra encantada,
y el soñar en la noche iluminada,
y la ilusión, de soles diademada,
y el vigor... y el amor... ¿fue nada, nada?
¡Dame tu miel, oh niño de boca perfumada!

El poema de las dádivas

Era dulce, pequeña, intranquila,
con los bucles de un bronce de gloria,
con la voz infantil e insinuante
y las manos leves, cándidas e inquietas.

Fingían sus ojos rendidos
al mirar, dos profundas violetas;
su menuda presencia exhalaba
un bíblico aroma de mirra y de ungüento,
y toda su carne temblaba
como tiembla un rosal bajo el viento.

A su amor arribé muy temprano,
al cantar de la alondra primera,
y me vieron rondar sus jardines
las noches de luna de la primavera.

Mas pasó cual la sombra de un ave
sobre un lírico estanque dormido,
y quedaron vibrando, vibrando,
sus palabras de miel en mi oído.

Y ésta fue toda entera su dádiva:
la visión de unos ojos azules

donde un lampo indeciso se esconde,
¡y una voz de frescuras edénicas
que a través de mis males responde!

La otra tenía un encanto terrible
y el amor de las reinas de Oriente,
y no sé qué avidez tan profunda
ni qué dejos de gracia indolente.

Gota a gota me daba sus néctares;
sorbo a sorbo bebía mi sangre
como en un sacrificio cruento,
y su brava pasión era un vórtice
y una llama y un aire violento...

Y ésta fue, toda justa, su dádiva:
el temprano saber de la ciencia
que destruye enemigos cuidados,
y el recuerdo de aquella frecuencia
en los brazos duros, firmes e insaciados.

La tercera, de manos filiales,
olorosa a reliquias antiguas,
destilaba venenos letales
en dulces palabras exiguas.

Evocaba las noches profundas,
subyugantes, de mórbido imperio,
en la tórrida selva cargada
de aromas sutiles, de vago misterio.

Parecía en los ojos absortos
de un incógnito anhelo cautiva,

y en su adusta esquivez era fácil
y en su vasta indolencia era altiva.

Y ésta fue, simplemente, su dádiva:
la experiencia de amores extraños,
de un trémulo busto, de un alma inasible...
la pena inconforme del goce perdido...
y, después de todo,
¡la inquieta avaricia de un nuevo sentido!

La otra, que ardía en mil llamas ocultas,
era fértil, reidora, violenta,
ya trueque de un beso, de un mimo, de un canto,
con secreto orgullo gustaba su afrenta.

Era mía, era mía, era mía
en el huerto, en la luz, en la sombra...
(¡Embriaguez matinal, quién te llama
por mi voz! ¡Juventud, quién te nombra!)

Y ésta fue, fatalmente, su dádiva:
el temblor femenil de la carne
que en mi propio temblor se extenúa;
la gota de acíbar que un genio maléfico
en el vaso colmado insinúa;
y en las horas de examen doliente,
la obsesión de la rabia postrera
que al mando del tedio inclemente
arrojó un corazón en la hoguera.

Y después, y después... cuántas manos
al haz de mis nervios asidas...
cuántas trémulas sierpes de fuego...
cuántas torres de orgullo, rendidas...

La una, que fue largamente suspensa
de mi voz, de mi gesto más leve;
la otra, que mira, que calla y que piensa
un trágico impulso, mas nunca se atreve.

Las unas, volubles, pérfidas y locas;
las otras, ardidas en llamas constantes;
discretas acaso, de un dulce misterio,
o acaso extenuadas y siempre anhelantes.

...Una, simple, dejóme el gustoso
sabor de las horas inútiles
en vano y amable sosiego;
otra, rica en olor de sus campos,
aromó mis noches de albahaca y espliego.

La dama fortuita, de tenues perfiles,
melancólica, unciosa y extraña,
se asoma en la honda cisterna del tiempo
envuelta en un halo de luz de la tarde;

la postrera, de impulsos diabólicos,
me dejó coronado de espinas:
mi corazón entregué a sus antojos
y le estrujaron sus manos dañinas.

¡Mujeres de un tiempo florido y lejano!
¡Mujeres de un tiempo duro, tempestuoso!
Las que ofrendan cándidas, el beso temprano,
las que dan, malignas, vino peligroso...
las que piden bellos madrigales
y dardos ocultos en las breves glosas
que van a adularlas...

¡Mujeres que ponen su soplo en las rosas
para deshojarlas!

¡Por ellas, cargado de mieles y acíbares,
el corazón, rebosante se entrega;
por ellas diluye su propia virtud en un cántico,
como la esencia que el bosque nocturno
diluye en las alas de un aire romántico!

Segunda canción delirante

Tralarí lará larí
tralará larí lará...

Al amor el alma, vaso de ternuras;
al carmín del día, la alondra solar;
luz de estrellas claras a las liras puras,
armonium e incienso al altar...

Ya mi afán extraño, de equívoco anhelo,
a mi ronca y triste desesperación:
¿Un laurel andrógino? ¿La piedad de un velo?
¿O el cárabo loco de mi corazón?

Tralarí larí lará
tralará lará larí...

Con pavor mi carne ruge sus locuras.
Mi alma en ese rugir va.
De tantos rugidos en noches oscuras
no oigo nada... nada... Tralarí lará...
Y me abrazo en llamas de lúgubre anhelo,
en una gozosa desesperación...
Mas un día... ¡un día llegaré hasta el cielo
con las llamaradas de mi corazón!

En las noches oceánicas...

En las noches oceánicas
de los campos de Cuba,
muchachuela rural ha llamado a mi hombría;
tiene las carnes fúlgidas,
tiene los ojos bellos,
desnuda muestra corales vivos
ardiendo en sus mamelias...

Rubén Darío

Poeta nicaragüense nacido en Metapa, hoy Ciudad Darío en 1867. Fue, sin duda alguna, uno de los poetas hispanoamericanos que más decididamente cambió el rumbo de las letras hispánicas. Publicó sus primeros versos a los once años, y a finales del siglo XIX, ya consagrado, publicó "Azul", obra con la que se inició "oficialmente" el Modernismo Hispanoamericano. Al final de su vida se hundió en un ambiente bohemio, muriendo olvidado por todos en el año de 1916.

La bailarina de los pies desnudos

Iba, en un paso rítmico y felino
a avances dulces, ágiles o rudos,
con algo de animal y de divino
la bailarina de los pies desnudos.
Su falda era la falda de las rosas,
en sus pechos había dos escudos...
Constelada de casos y de cosas...
La bailarina de los pies desnudos.
Bajaban mil deleites de los senos
hacia la perla hundida del ombligo,
e iniciaban propósitos obscenos
azúcares de fresa y miel de higo.
A un lado de la silla gestatoria
estaban mis bufones y mis mudos...
¡Y era toda Selene y Anactoria
la bailarina de los pies desnudos!

Sobre el diván

Sobre el diván dejé la mandolina
y fui a besar la boca purpurina,
la boca de mi hermosa Florentina.
Y es ella dulce y rosa y muerde y besa;
y es una boca rosa, fresa;
y Amor no ha visto boca como esa.
Sangre, rubí, coral, carmín, claveles,
hay en sus labios finos y crueles,
pimientas fuertes, aromadas mieles.
Los dientes blancos riman como versos,
y saben esos finos dientes tersos,
mordiscos caprichosos y perversos.

Que el amor no admite cuerdas reflexiones

Señora, el Amor es violento,
y cuando nos transfiguramos
enciende el pensamiento
la locura.
No pidas paz a mis brazos
que a los tuyos tienen presos:
son de guerra mis abrazos
y son de incendio mis besos;
y sería vano intento
el tornar mi mente obscura
si me enciende el pensamiento
la locura.
Clara está la mente mía
de llamas de amor, señora,
como la tienda del día
o el palacio de la aurora.
Y al perfume de tu ungüento
te persigue mi ventura,
y me enciende el pensamiento
la locura.
Mi gozo, tu paladar
rico panal conceptúa,
como en el santo cantar:

Mel et lac sub lingua tua.
La delicia de tu aliento
en tan divino vaso apura,
y me enciende el pensamiento
la locura.

Mía

Mía: así te llamas.
¿Qué más armonía?
Mía: luz del día;
mía: rosas, llamas.
¡Qué aroma derramas
en el alma mía
si sé que me amas!
¡Oh Mía! ¡Oh Mía!
Tu sexo fundiste
con mi sexo fuerte,
fundiendo dos bronces.
Yo triste, tú triste…
¿No has de ser entonces
mía hasta la muerte?

Amo, amas

Amar, amar, amar, amar siempre, con todo
el ser y con la tierra y con el cielo,
con lo claro del sol y lo oscuro del lodo;
amar por toda ciencia y amar por todo anhelo.
Y cuando la montaña de la vida
nos sea dura y larga y alta y llena de abismos,
amar la inmensidad que es de amor encendida
¡y arder en la fusión de nuestros pechos mismos!

Abrojos

Lloraba en mis brazos vestida de negro,
se oía el latido de su corazón,
cubríanle el cuello los rizos castaños
y toda temblaba de miedo y de amor.
¿Quién tuvo la culpa? La noche callada.
Ya iba a despedirme. Cuando dije "¡Adiós!",
Ella, sollozando, se abrazó a mi pecho
bajo aquel ramaje del almendro en flor.
Velaron las nubes la pida luna...
Después, tristemente lloramos los dos.

*　　*　　*

¿Qué lloras? Lo comprendo.
Todo concluido está.
Pero no quiero verte,
alma mía, llorar.
Nuestro amor, siempre, siempre...
Nuestras bodas... jamás.
¿Quién es ese bandido
que se vino a robar
tu corona florida
y tu velo nupcial?

Mas no, no me lo digas,
no lo quiero escuchar.
Tu nombre es Inocencia
y el de él es Satanás.
Un abismo a tus plantas,
una mano procaz
que te empuja; tú ruedas,
y mientras tanto, va
el ángel de tu guarda
triste y solo a llorar.
Pero, ¿por qué derramas
tantas lágrimas?... ¡Ah!
Sí, todo lo comprendo...
No, no me digas más.

Voy a confiarte, amada

Voy a confiarte, amada,
uno de los secretos
que más me martirizan. Es el caso
que a las veces mi ceño
tiene en un punto mismo
de cólera y esplín los fruncimientos.
O callo como un mudo,
o charlo como un necio,
suplicando el discurso
de burlas, carcajadas y dicterios.
¿Qué me miran? Agravio.
¿Me han hablado? Zahiero.
Medio loco de atar, medio sonámbulo,
con mi poco de cuerdo.
¡Cómo bailan en ronda y remolino,
por las cuatro paredes del cerebro
repicando a compás sus consonantes,
mil endiablados versos
que imitan, en sus cláusulas y ritmos,
las músicas macabras de los muertos!
¡Y cómo se atropellan,
para saltar a un tiempo,
las estrofas sombrías,

de vocablos sangrientos,
que me suele enseñar la musa pálida,
la triste musa de los días negros!
Yo soy así. ¡Qué se hace! ¡Boberías
de soñador neurótico y enfermo!
¿Quieres saber acaso
la causa del misterio?
Una estatua de carne
me envenenó al vida con sus besos.
Y tenía tus labios, lindos, rojos
y tenía tus ojos, grandes, bellos...

Cuando llegues a amar...

Cuando llegues a amar, si no has amado,
sabrás que en este mundo
es el dolor más grande y más profundo
ser a un tiempo feliz y desgraciado.
Corolario: el amor es un abismo
de luz y sombra, poesía y prosa,
y en donde se hace la más cara cosa
que es reír y llorar a un tiempo mismo.

Lo peor, lo más terrible,
es que vivir sin él es imposible.

¡Oh mi adorada niña!

¡Oh mi adorada niña!
Te diré la verdad:
tus ojos me parecen
brasas tras un cristal;
tus rizos, negro luto,
y tu boca sin par,
la ensangrentada huella
del filo de un puñal.

Cuando cantó la culebra...

Cuando cantó la culebra,
cuando trinó el gavilán,
cuando gimieron las flores,
y una estrella lanzó un ¡ay!;
cuando el diamante echó chispas
y brotó sangre el coral,
y fueron dos esterlinas
los ojos de Satanás,
entonces la pobre niña
perdió su virginidad.

Era un aire suave

Era un aire suave de pausados giros;
el hada Harmonía, ritmaba sus vuelos,
e iban frases vagas y tenues suspiros
entre los sollozos y los violoncelos.

Sobre la terraza, junto a los ramajes,
diríase un trémolo de liras eolias,
cuando acariciaban los sedosos trajes
sobre el talle erguidas, las blancas magnolias.

La marquesa Eulalia, risas y desvíos
daba a un tiempo mismo para dos rivales:
el vizconde rubio de los desafíos
y el abate joven de los madrigales.

Cerca, coronado por hojas de viña,
reía en su máscara Término barbudo,
y como un efebo que fuese una niña
mostraba una Diana su mármol desnudo.

Y bajo un boscaje del amor palestra,
sobre un rico zócalo al modo de Jonia,
con un candelabro prendido en la diestra
volaba el Mercurio de Juan de Bolonia.

La orquesta perlaba sus mágicas notas;
un coro de sones alados se oía;
galantes pavanas, fugaces gavotas,
cantaban los dulces violines de Hungría.

Al oír las quejas de sus caballeros,
ríe, ríe, ríe la divina Eulalia,
pues son su tesoro las flechas de Eros,
el cinto de Cipria, la rueca de Onfalia.

¡Ay de quien sus mieles y frases recoja!
¡Ay de quien del canto de su amor se fíe!
Con sus ojos lindos y su boca roja,
la divina Eulalia, ríe, ríe, ríe.

Tiene azules ojos, es maligna y bella;
cuando mira, vierte viva luz extraña;
se asoma a sus húmedas pupilas de estrella
el alma del rubio cristal de Champaña.

Es noche de fiesta y el baile de trajes
ostenta su gloria de triunfos mundanos.
La divina Eulalia, vestida de encaje,
una flor destroza con sus blancas manos.

El teclado armónico de su risa fina
a la alegre música de un pájaro iguala.
Con los staccati de una bailarina
y las locas fugas de una colegiala.

¡Amoroso pájaro que trinos exhala
bajo el ala a veces ocultando el pico,
que desdenes rudos lanza bajo el ala,
bajo el ala aleve del leve abanico!

Cuando a medianoche sus notas arranque
y en arpegios áureos gima Filomela,
y el ebúrneo cisne, sobre el quieto estanque,
como blanca góndola imprima su estela,

la marquesa alegre llegará al boscaje,
boscaje que cubre la amable glorieta
donde han de estrecharla los brazos de un paje
que siendo su paje será su poeta.

Al compás de un canto de artista de Italia
que en la brisa errante la orquesta deslíe,
junto a los rivales, la divina Eulalia,
la divina Eulalia, ríe, ríe, ríe.

¿ Fue acaso en el tiempo del rey Luis de Francia,
sol con corte de astros en campos de azur,
cuando los alcázares llenó de fragancia
la regia y pomposa rosa Pompadour?

¿Fue cuando la bella su falda cogía,
con dedos de ninfa, bailando el minué,
y de los compases el ritmo seguía,
sobre el tacón rojo lindo y leve el pie?

¿O cuándo pastoras de floridos valles
ornaban con cintas sus albos corderos
y oían, divinas Tirsis de Versalles,
las declaraciones de sus caballeros?

¿Fue en ese buen tiempo de duques pastores,
de amantes princesas y tiernos galanes,
cuando entre sonrisas y perlas y flores
iban las casacas de los chambelanes?

¿Fue acaso en el norte o en el mediodía?
Yo el tiempo y el día y el país ignoro;
pero sé que Eulalia ríe todavía
¡y es cruel y eterna su risa de oro!

Salvador Díaz Mirón

Poeta mexicano nacido Veracruz en 1853. Desde muy temprana edad se inició en el oficio de periodista, siguiendo los pasos de su padre quien siempre estuvo vinculado a la política. Está considerado como uno de los precursores del modernismo de la poesía mexicana. Autor de una vasta obra, muchos de sus poemas sólo fueron publicados en el "Diario Comercial" y nunca se editaron. De sus poemarios se destacan: "Lascas" y "La mujer de nieve". Tras un largo exilio por motivos políticos, regresó a México, donde falleció en el año de 1928.

Deseos

¡Yo quisiera salvar esa distancia,
ese abismo fatal que nos divide,
y embriagarme de amor con la fragancia
mística y pura que tu ser despide!
¡Yo quisiera ser uno de los lazos
con que decoras tus radiantes sienes!
¡Yo quisiera, en el cielo de tus brazos,
beber la gloria que en tus labios tienes!
¡Yo quisiera ser agua y que en mis olas,
que en mis olas vinieras a bañarte,
para poder, como lo sueño a solas,
a un mismo tiempo por doquier besarte!

¡Yo quisiera ser lino, y en tu pecho,
allá en las sombras, con ardor cubrirte,
temblar con los temblores de tu pecho
y morir del placer de comprimirte!
¡Oh, yo quisiera mucho más! ¡Quisiera
llevar en mí, como la nube, el fuego;
mas no como la nube en su carrera,
para estallar y separarnos luego!
¡Yo quisiera en mí mismo confundirte,
confundirte en mí mismo y entrañarte;

yo quisiera en perfume convertirte,
convertirte en perfume y aspirarte!
¡Aspirarte en un soplo como esencia,
y unir a mis latidos tus latidos,
y unir a mi existencia tu existencia,
y unir a mis sentidos tus sentidos!
¡Aspirarte en un soplo del ambiente,
y así verter sobre mi vida en calma,
toda la llama de tu pecho ardiente
y todo el éter de lo azul de tu alma!
¡Aspirarte mujer... de ti llenarme,
y en ciego y sordo y mudo constituirme,
y ciego, y sordo y mudo, consagrarme
al deleite supremo de sentirte
y a la suprema dicha de adorarte!

Cleopatra

La vi tendida de espaldas
entre púrpura revuelta.
Estaba toda desnuda,
aspirando humo de esencias
en largo tubo, escarchado
de diamantes y de perlas.

Sobre la siniestra mano
apoyada la cabeza;
y como un ojo de tigre,
un ópalo daba en ella
vislumbres de fuego y sangre
el oro de su ancha trenza.

Tenía un pie sobre el otro
y los dos como azucenas;
y cerca de los tobillos
argollas de finas piedras,
y en el vientre un denso triángulo
de rizada y rubia seda.

En un brazo se torcía
como cinta de centellas,

un áspid de filigrana
salpicado de turquesas,
con dos carbunclos por ojos
y un dardo de oro en la lengua.

A menudo suspiraba;
y sus altos pechos eran
cual blanca leche, cuajada
dentro de dos copas griegas,
y en alabastro vertida,
sólida ya, pero aún trémula.

¡Oh! Yo hubiera dado entonces
todos mis lauros de Atenas,
por entrar en esa alcoba
coronado de violetas,
dejando ante los eunucos
mis coturnos a la puerta.

A ella

Semejas esculpida en el más fino
hielo de cumbre sonrojado al beso
del sol, y tienes ánimo travieso,
y eres embriagadora como el vino.
Y mientras: no imitaste al peregrino
que cruza un monte de penoso acceso,
y párase a escuchar con embeleso
un pájaro que canta en el camino.
Obrando tú como rapaz avieso,
correspondiste con la trampa del trino,
por ver mi pluma y torturarme preso.
No así al viandante que se vuelve a un pino
y párase a escuchar con embeleso
un pájaro que canta en el camino.

A Margarita

¡Qué radiosa es tu faz blanca y tranquila
bajo el dosel de tu melena blonda!
¡Qué abismo tan profundo tu pupila,
pérfida y azulada como la onda!

El fulgor soñoliento que destella
en tus ojos donde hay siempre un reproche,
viene cual la mirada de la estrella,
de un cielo ennegrecido por la noche.

¡Tu rojo labio en que la abeja sacia
su sed de miel, de aroma y embeleso,
ha sido modelada por la gracia
más para la oración que para el beso!

¡Tu voz que ora es aguda y ora grave,
llena de gratitud suena en mi oído
como el saludo arrullador del ave
al sol naciente que despierta el nido!

¡La palabra mordaz y libertina,
en tu boca, que el ósculo consume,
es una flor de punzadora espina,
pero que tiene un mágico perfume!

¡Tu discurso es amargo, licencioso
y repugnante, pero extraño ejemplo!
¡Tu acento es dulce, arrobador y uncioso,
como el canto del órgano en el templo!

¡Tu lenguaje, a cuyo eco me emociono,
lastima al mismo tiempo que recrea:
es el salmo de un ángel por el tono
y el alma de un demonio por la idea!

¡Tu mano esconde un cetro: el albo lirio,
y fue tallada con primor no escaso
más para la limosna y para el cirio
que para la caricia y para el vaso!

¡Tu cuerpo...! ¡Que a menudo la locura
rasgó ante mí tus hábitos discretos,
y tu estatuaria y lúbrica hermosura
me reveló sus íntimos secretos!

¡Cuántas veces a la hora del tocado
penetré hasta tu estancia encantadora!
Y en un tibio misterio plateado
por una claridad como de aurora,

te hallé al salir del agua derramando
un rocío de líquidos cambiantes
—escultura de nieve, comenzando
a deshelarse ya verter diamantes—.

¡Y vi a la sierva que te adorna y peina
ajustar con destreza cuidadosa
tu magnífica túnica de reina
a tu soberbia desnudez de diosa!

. . . .

¿Qué miseria o qué afán o qué flaqueza
te arrojó del Edén, Eva proscrita?
¿Qué Fausto asió tu virginal belleza
y la acostó en el fango, Margarita?

. . . .

¡Inexplicable suerte, buena y mala,
la que a ti me llevó y a mí te trajo!
¡Nuestro insensato amor es una escala
y por ella tú asciendes y yo bajo!

¡Oculta y sola, mi pasión huraña
crece en mi corazón herido y yerto;
oculta, como el cáncer en la entraña;
sola, como la palma en el desierto!

Engarce

El misterio nocturno era divino.
Eudora estaba como nunca bella,
y tenía en los ojos la centella,
la luz de un gozo conquistado al vino.
De alto balcón apostrofóme a tino;
y rostro al cielo departí con ella
tierno y audaz, como con una estrella...
!Oh qué timbre de voz trémulo y fino!
¡Y aquel fruto vedado e indiscreto
se puso el manto, se quitó el decoro,
y fue conmigo a responder a un reto!
¡Aventura feliz! La rememoro
con inútil afán; y en un soneto
monto un suspiro como perla en oro.

Epístola

Me hallo solo y estoy triste.
Tu viaje —que no maldigo
porque tú lo decidiste—,
me hundió en la sombra. ¡Partiste,
y la luz se fue contigo!

¡Somos, en este momento
en que el afán nos consume,
dos flores de sentimiento
separadas por el viento
y unidas por el perfume!

¡Ay de los enamorados
que están en diversos puntos
y viven —¡infortunados!—
con los cuerpos apartados
y los espíritus juntos!

Pero el mal de que adolece
nuestra pasión, que Dios veda,
en ti mengua y en mí crece.
¡Aquel que se va padece
menos que aquel que se queda!

Sufres, pero no ha de ser
cual tu ternura me avisa.
Tu dolor ha de tener
a menudo una sonrisa:
¡lo nuevo causa placer!

Mas yo, pobre abandonado,
no encuentro paz ni consuelo.
Desde que te has alejado
estoy ausente del cielo.
¡Sin duda te lo has llevado!

Extrañarás que hable así,
pero ¡qué quieres! te juro
que no miento. Para mí,
cuanto es halagüeño y puro
empieza y termina en ti.

Y fuera de ti, bien mío,
la infinita creación
no es más que un inmenso hastío:
¡el espantoso vacío
del alma y del corazón!

Tú resucitaste a un muerto.
Yo era —¡recuerdo importuno!—
algo monótono y yerto,
tal como un campo desierto
y sin accidente alguno.

¡Era un ente sin historia,
una conciencia en asomo,
cuando —¡esplendente memoria!—

tu presencia hizo en mí como
un cataclismo de gloria!

Derramaste en mi existencia
—en una mística esencia—,
la desgracia y la ventura,
el deleite y la tortura,
la razón y la demencia.

El ideal canta y gime:
es un abrazo que oprime.
Lo dichoso y lo funesto
constituyen lo sublime.
El amor está compuesto

de todas las agonías,
de todas las inquietudes,
de todas las armonías,
de todas las poesías
y de todas las virtudes.

Es el fanal y es la tea;
es el hálito que orea
y es el soplo que alborota;
es la calma que recrea
y es la tormenta que azota.

Es un galvánico efecto;
es lo rudo y es lo suave;
es lo noble y es lo abyecto;
es la flor y es el insecto;
es el reptil y es el ave.

Semejante al aluvión
resulta de la fusión
de la rastra y de la pluma,
de la hez y de la espuma,
del pétalo y del peñón.

Tu belleza seductora
dio un destello a mi ansia negra,
como el rayo que colora
pone en la nube que llora
el arcoiris que alegra.

Tu imagen grata y radiante
fue un rápido meteoro:
una hermosa estrella errante
que abrió en mi noche incesante
un ardiente surco de oro.

¡Lúgubre suerte me cabe,
contemplar un ígneo rastro!
¡Infeliz de mí! ¡Quién sabe,
si cuando el eclipse acabe,
veré como antes el astro!

Copo de nieve

Para endulzar un poco tus desvíos
fijas en mí tu angelical mirada
y hundes tus dedos pálidos y fríos
en mi oscura melena alborotada.

¡Pero en vano, mujer! No me consuelas.
Estamos separados por un mundo.
¿Por qué, si eres la nieve, no me hielas?
¿Por qué, si soy el fuego, no te fundo?

Tu mano espiritual y transparente,
cuando acaricia mi cabeza esclava,
es el copo glacial sobre el ardiente
volcán cubierto de ceniza y lava.

A M...

¿Detenerme? ¿Cejar? ¡Vana congoja!
La cabeza no manda al corazón.
¡Prohibe al aquilón que alce la hoja,
no a la hoja que ceda al aquilón!

¡Cuando el torrente por los campos halla
de pronto un dique que le dice: atrás,
podrá saltar o desquiciar la valla
pero pararse o recular... jamás!

¿Por qué te adoro y a tus pies me arrastro?
¿Por qué se obstinan en volverse así
la aguja al norte, el heliotropo al astro,
la llama al cielo y mi esperanza a ti?

$\mathscr{A}$ ti

Portas al cuello la gentil nobleza
del heráldico lirio; y en la mano
el puro corte del cincel pagano;
y en los ojos abismos de belleza.

Hay en tus rasgos acritud y alteza,
orgullo encrudecido en un arcano,
y resulto en mi prez un vil gusano
que a un astro empina la bestial cabeza.

Quiero pugnar con el amor, y en vano
mi voluntad se agita y endereza,
como la grama tras el pie tirano.

Humillas mi elación y mi fiereza;
y resulto en mi prez un vil gusano
que a un astro empina la bestial cabeza.

Date Lilia

¡Clava en mí tu pupila centellante
en donde el toque de la luz impresa
brilla como una chispa de diamante
engastada en una húmeda turquesa!

¡Tal fulgura una perla de rocío
en el esmalte azul de una corola!
¡Tal radia en el crepúsculo sombrío
la estrella del amor, pálida y sola!

Deja que ruede libre tu cabello
como la linfa que desborda el cauce,
para que caiga en torno de tu cuello
como el follaje alrededor del sauce;

para que flote, resplandor de aurora
sobre tu rostro que el sonrojo empaña
como esas tintas con que el sol colora
la nieve que circunda la montaña;

para que al soplo de mi aliento vuele
y tu ígneo labio, cuya esencia adoro,
ría a través cual la amapola suele,
roja y vivaz, en el trigal de oro.

¡Habla! ¡Mas sólo de placer! ¡Exhala
el arrullo nupcial de la paloma!
¡Fuera el temor! ¡La rosa de Bengala
no tiene espinas, mas tampoco aroma!

Tu acento de sirena me embelesa...
Tu palabra es miel híblea derramada...
Tu boca, que cerrada es una fresa,
se abre como se parte una granada.

Pero guardas silencio y te estremeces.
¿Por qué te aflige la mundana insidia?
¡Consuélate pensando que los jueces
que nos condenen, nos tendrán envidia!

¿No me oyes? ¿Cuál ha sido nuestra falta?
¿Es culpable la sed que apura el vaso?
¿Comete un crimen el raudal que salta
cuando halla un dique que le corta el paso?

¿Por qué triste y glacial como la muda
estatua del dolor bajas la vista,
mientras tu mano anuda y desanuda
las puntas del pañuelo de batista?

¿Por qué esa gota en que expiró un reproche
corre por tu mejilla ruborosa,
como un hilo de aljófar de la noche
por un tímido pétalo de rosa?

¿Por qué tu pecho en que el candor anida
tiembla con ansia cual batiendo el vuelo,
palpita el ala de la garza herida
que pugna en vano por alzarse al cielo?

¡Ya está, vamos! ¡Que cese tu quebranto!
¡Alza tu bella cabecita rubia,
quiero ver tu sonrisa entre tu llanto
como un rayo de sol entre la lluvia!

La palma vuelve su cogollo espeso
a aspirar aire con gentil donaire
y ebria de amor en el festín del beso,
estalla en flores, perfumando el aire.

¡Imita al árbol del desierto! ¡Sacia
tu afán de dicha y que tu canto vibre!
¡Ave María, en plenitud de gracia:
joven, hermosa, idolatrada y libre!

A Piedad

Llegas a mí con garbo presumido,
tierna y gentil. ¡Cuán vario es el orgullo!
Ostenta en el león crin y rugido,
y en la paloma tornasol y arrullo.

Brillas y triunfas, y a carnal deseo
cierras la veste con seguro alarde,
y en el fulgor de tu mirada veo
sonreír al lucero de la tarde.

Hay minutos de gracia, que suspenden
el dolor con alivio soberano,
que de la paz divina se desprenden
para cruzar el infortunio humano.

Virtud celeste a la miseria mía
viene contigo, y en el antro asoma
y entra y cunde como una melodía,
como una claridad, como un aroma.

Al triste impartes, como buena maga,
tregua feliz, y en dulce desconcierto,
bendigo por el bálsamo la llaga
y amo por el oasis el desierto.

Y me vuelvo a mi cítara y la enfloro
y la pulso, y el son que arranco a ella
se va, tinto en la púrpura y el oro
del puesto sol, a la primera estrella.

A Blanca

¡Tu belleza mirífica no asoma
y en éxtasis escucho tu voz clara,
que llega del jardín cual un aroma,
pero cual un aroma que cantara!

¡Endulzas con tu acento un mar de acíbar
y en éxtasis escucho tu voz clara,
que viene de un amor, cual un almíbar,
pero cual un almíbar que cantara!

Con qué dolor...

¡Con qué dolor, y válgame ser franco,
trazo los versos que a mi lado impetras!
Esta cuartilla de papel en blanco
me parece una lápida sin letras.

Tristísimo recuerdo me acongoja
y pienso, visionario como un zafio,
que escribo, no una endecha en una hoja,
sino sobre un sepulcro un epitafio.

No extrañes, no, que mi razón sucumba
a esta ilusión que envuelve algo de cierto
porque, ay, tu corazón es una tumba
desde el instante en que tu amor fue un muerto.

¡Tu amor! Ve el mío que cual ámbar de oro
paréceme que nunca se consume,
que ni siquiera sufre deterioro
aunque despida sin cesar perfume.

Mas ¿a dónde me lleva mi extravío?
Perdona a mi amargura ese reproche.
Por ti puedo decir como el judío:
¡un ángel ha pasado por mi noche!

Por ti en el molde general no cupe;
quise ovaciones, codicié oropeles
y en la tribuna y con la lira supe
ganar aplausos y obtener laureles.

Después... ¡mi gloria huyó con mi ventura
y, como nube tenebrosa, el duelo
ha cerrado en mi alma la abertura
que daba grande y esplendente al cielo!

Adiós. Dejo a tus plantas un gemido
y retorno a la sombra más espesa
pues vuelvo a la que reina en el olvido,
y no hay otra tan negra como ésa.

La cita

¡Adiós, amigo, adiós! ¡El sol se esconde,
la luna sale de la nube rota,
y Eva me aguarda en el estanque, donde
el cisne nada y el nelombo flota!

Voy a estrechar a la mujer que adoro.
¡Cuál me fascina mi delirio extraño!
¡Es el minuto del ensueño de oro
de la cita del ósculo en el baño!

¡Es la hora en que los juncos oscilantes
de la verde ribera perfumada
se inclinan a besar los palpitantes
pechos desnudos de mi dulce amada!

¡Es el momento azul en que la linfa
tornasolada, transparente y pura,
sube hasta el blanco seno de la ninfa
como una luminosa vestidura!

¡Es el instante en que la hermosa estrella
crepuscular se asoma con anhelo
para ver a otra venus que descuella
sobre el húmedo esmalte de otro cielo!

¡Es ya cuando las tórtolas se paran
y se acarician en los mirtos rojos,
y los ángeles castos se preparan
a ponerse las manos en los ojos!

Rimas

Al ver mi honda aflicción por tus desvíos,
fijas en mí tu angelical mirada
y hundes tus dedos pálidos y fríos
en mi oscura melena alborotada.

¡Pero en vano, mujer! No me consuelas.
Estamos separados por un mundo.
¿Por qué, si eres la nieve, no me hielas?
¿Por qué, si soy el fuego, no te fundo?

Me aproximo... y te tiñes de escarlata
y huyes... ¡oh niña pudorosa y bella!
¡Sensitiva que tiembla y se recata
hasta de sospechar que pienso en ella!

Te llamo, abro los brazos... y no vienes...
inútilmente solicito y lloro.
¡Tú no alientas pasión! por eso tienes
ojos de cielo y cabellera de oro.

Tu mano espiritual y transparente,
cuando acaricia mi cabeza esclava,
es el copo glacial sobre el ardiente
volcán cubierto de ceniza y lava.

¡Tu mano espiritual y transparente
cuando acaricia mi cabeza esclava,
es el copo glacial sobre el ardiente
volcán cubierto de ceniza y lava!

al contacto del mío temblorosa,
bajo el cálido vuelo de mi tacto.
Mas cruzas como un sueño desnudado,
fugaz como el correr del agua pura;
sueño que se desborda de su forma,
última espuma que en tu piel murmura
la postrera fatiga del deseo.
Sólo un aroma erige la blancura
o aurora de tu voz acariciada,
así de alba es la antigua ola
que urdida en sal y caracol asciende
y después en afán queda anegada.
Así también mis labios en silencio
reciben el murmullo de tu piel,
al oír a las alas de tus poros
convertirse en alientos y gemidos
y en un suave sudor de flor tranquila.
Entonces ya no labios, sino oídos
ardientes para asirte y contemplarte,
como a estatua bañada por la música
de una tristeza o ángel deslizado
que mordiera tu imagen silenciosa.
Porque el tacto ilumina tu desnudo
que a su trémulo encuentro se ha mudado
en sal, paloma, vuelo, rosa y llama,
y oye cómo por tu piel florece
y madura la sombra de la muerte.

Amor es mar

Llegas, amor, cuando la vida ya nada me ofrecía
sino un duro sabor de lenta consunción
y un saberse dolor desamparado,
casi ceniza de tinieblas;
llega tu voz a destrozar la noche
y asciendes por mi cuerpo
como el cálido pulso hacia el latir postrero
de quien a solas sabe
que un abismo de duelo lo sostiene.
Nada había sin ti,
ni un sueño transformado en vida,
ni la certeza que nos precipita
hasta el total saberse consumido;
sólo un pavor entre mi noche
levantando su voz de precipicio;
era una sombra que se destrozaba,
incierta en húmedas tinieblas
y engañosas palabras destruidas,
trocadas en blasfemias que a los ojos
ni luz ni sombra daban:
era el temor a ser sólo una lágrima.
Mas el mundo renace al encontrarte,
y la luz es de nuevo

ascendiendo hacia el aire
la tersa calidez de sus alientos
lentamente erigidos;
brotan de fuerza y cólera
y de un aroma suave como espuma,
tal un leve recuerdo
que de pronto se hiciera un muro de dureza
o manantial de sombra.
Y en ti mi corazón no tiene forma
ni es un círculo en paz con su tristeza,
sino un pequeño fuego,
el grito que florece en medio de los labios
y torna a ser el fin
un sencillo reflejo de tu cuerpo,
el cristal que a tu imagen desafía,
el sueño que en tu sombra se aniquila.
Olas de luz tu voz, tu aliento y tu mirada
en la dolida playa de mi cuerpo;
olas que en mí desnúdanse como alas,
hechas rumor de espuma, oscuridad, aroma tierno,
cuando al sentirme junto a tu desnudo
se ilumina la forma de mi cuerpo.
Un mar de sombra eres, y entre tu sal oscura
hay un mundo de luz amanecido.

Mujer deshabitada

De rosa y canto saturada,
contra el origen de tu ser sublevas
un recuerdo de labios naufragando
y la temida enemistad
de presuroso y fugitivo aroma,
bajo el silencio idéntico
a tu inútil sosiego de virgen desolada.
Mudas fueras al tiempo, pero sabes
dejarte abandonada y te sometes
como la flor al mar,
igual que entre los labios vuela el canto,
e insiste sobre el mundo tu fatiga,
la dura soledad de tus sentidos,
suma de amor y lágrimas que mi latir inundan
de este vano sentirte agonizando.
Opones sólo amor y te conserva
la esperanza invencible de mi cuerpo,
como si al derrumbarte
cuando cierras los ojos y en ti misma
soportas la caricia que en inmóvil te torna,
entonces navegaras a mí y te defendieras,
ya sin saber de ti,
deshabitada flor y canto destrozado,
rescatada del mundo
y hecha estatua abatida en un invierno.

Federico García Lorca

Poeta español nacido en Fuentevaqueros, Granada en 1898. Estudió Letras en la Universidad de Granada y Música con Manuel de Falla. Fue una de las puntas del triángulo surrealista formado por él, Salvador Dalí y Luis Buñuel, atraídos por el significado del manifiesto surrealista de André Breton. Considerado uno de los grandes poetas del siglo XX, murió asesinado en Granada, en 1936.

El poeta habla por teléfono con el amor

Tu voz regó la duna de mi pecho
en la dulce cabina de madera.
Por el sur de mis pies fue primavera
y al norte de mi frente flor de helecho.

Pino de luz por el espacio estrecho
cantó sin alborada y sementera
y mi llanto prendió por vez primera
coronas de esperanza por el techo.

Dulce y lejana voz por mí vertida.
Dulce y lejana voz por mí gustada.
Lejana y dulce voz amortecida.

Lejana como oscura corza herida.
Dulce como un sollozo en la nevada.
¡Lejana y dulce en tuétano metida!

Deseo

Sólo tu corazón caliente,
y nada más.
Mi paraíso un campo
sin ruiseñor
ni liras,
con un río discreto
y una fuentecilla.
Sin la espuela del viento
sobre la fronda,
ni la estrella que quiere
ser hoja.
Una enorme luz
que fuera
luciérnaga
de otra,
en un campo
de miradas rotas.
Un reposo claro
y allí nuestros besos,
lunares sonoros
del eco,
se abrirían muy lejos.
Y tu corazón caliente,
nada más.

Soneto de la dulce queja

Tengo miedo a perder la maravilla
de tus ojos de estatua, y el acento
que de noche me pone en la mejilla
la solitaria rosa de tu aliento.

Tengo pena de ser en esta orilla
tronco sin ramas; y lo que más siento
es no tener la flor, pulpa o arcilla,
para el gusano de mi sufrimiento.

Si tú eres el tesoro oculto mío,
si eres mi cruz y mi dolor mojado,
si soy el perro de tu señorío,

no me dejes perder lo que he ganado
y decora las aguas de tu río
con hojas de mi otoño enajenado.

Madrigal apasionado

Quisiera estar en tus labios
para apagarme en la nieve
de tus dientes.
Quisiera estar en tu pecho
para en sangre deshacerme.
Quisiera en tu cabellera
de oro soñar para siempre.
Que tu corazón se hiciera
tumba del mío doliente.
Que tu carne sea mi carne,
que mi frente sea tu frente.
Quisiera que toda mi alma
entrara en tu cuerpo breve
y ser yo tu pensamiento
y ser yo tu blanco veste.
Para hacer que te enamores
de mí con pasión tan fuerte
que te consumas buscándome
sin que jamás ya me encuentres.
Para que vayas gritando
mi nombre hacia los ponientes,
preguntando por mí al agua,
bebiendo triste las hieles

que antes dejó en el camino
mi corazón al quererte.
Y yo mientras iré dentro
de tu cuerpo dulce y débil,
siendo yo, mujer, tú misma,
y estando en ti para siempre,
mientras tú en vano me buscas
desde Oriente a Occidente,
hasta que al fin nos quemara
la llama gris de la muerte.

Noche del amor insomne

Noche arriba los dos con luna llena,
yo me puse a llorar y tú reías.
Tu desdén era un dios, las quejas mías
momentos y palomas en cadena.

Noche abajo los dos. Cristal de pena,
llorabas tú por hondas lejanías.
Mi dolor era un grupo de agonías
sobre tu débil corazón de arena.

La aurora nos unió sobre la cama,
las bocas puestas sobre el chorro helado
de una sangre sin fin que se derrama.

Y el sol entró por el balcón cerrado
y el coral de la vida abrió su rama
sobre mi corazón amortajado.

Amor de mis entrañas

Amor de mis entrañas, viva muerte,
en vano espero tu palabra escrita
y pienso, con la flor que se marchita,
que si vivo sin mí quiero perderte.
El aire es inmortal. La piedra inerte
ni conoce la sombra ni la evita.
corazón interior no necesita
la miel helada que la luna vierte.
Pero yo te sufrí. Rasgué mis venas,
tigre y paloma, sobre tu cintura
en duelo de mordiscos y azucenas.
Llena, pues, de palabras mi locura
o déjame vivir en mi serena
noche del alma para siempre oscura.

Llagas de amor

Esta luz, este fuego que devora.
Este paisaje gris que me rodea.
Este dolor por una sola idea.
Esta angustia de cielo, mundo y hora.

Este llanto de sangre que decora
lira sin pulso ya, lúbrica tea.
Este peso del mar que me golpea.
Este alacrán que por mi pecho mora.

Son guirnaldas de amor, cama de herido,
donde sin sueño, sueño tu presencia
entre las ruinas de mi pecho hundido.

Y aunque busco la cumbre de prudencia
me da tu corazón valle tendido
con cicuta y pasión de amarga ciencia.

El amor duerme en el pecho del poeta

Tú nunca entenderás lo que te quiero
porque duermes en mí y estás dormido.
Yo te oculto llorando, perseguido
por una voz de penetrante acero.

Norma que agita igual carne y lucero
traspasa ya mi pecho dolorido
y las turbias palabras han mordido
las alas de tu espíritu severo.

Grupo de gente salta en los jardines
esperando tu cuerpo y mi agonía
en caballos de luz y verdes crines.

Pero sigue durmiendo, vida mía.
¡Oye mi sangre rota en los violines!
¡Mira que nos acechan todavía!

Madrigal de verano

Junta tu roja boca con la mía.
¡Oh Estrella la gitana!
Bajo el oro solar del mediodía
morderé la manzana.
En el verde olivar de la colina
hay una torre morena,
del color de tu carne campesina
que sabe a miel y aurora.
Me ofreces en tu cuerpo requemado,
el divino alimento
que da flores al cauce sosegado
y luceros al viento.
¿Cómo a mí te entregaste, luz morena?
¿por qué me diste llenos
de amor tu sexo de azucena
y el rumor de tus senos?
¿No fue por mi figura entristecida?
¡Oh mis torpes andares!
¿Te dio lástima acaso de mi vida,
marchita de cantares?
¿Cómo no has preferido a mis lamentos
los muslos sudorosos
de un San Cristóbal campesino, lentos

en el amor y hermosos?
Danaide del placer eres conmigo.
Femenino Silvano.
Huelen tus besos como huele el trigo
reseco del verano.
Entúrbiame los ojos, con tu canto.
Deja tu cabellera
extendida y solemne como un manto
de sombra en la pradera.
Píntame con tu boca ensangrentada
un cielo del amor,
en un fondo de carne la morada
estrella de dolor.
Mi pegaso andaluz está cautivo
de tus ojos abiertos;
volará desolado y pensativo
cuando los vea muertos.
Y aunque no me quisieras te querría
por tu mirar sombrío,
como quiere la alondra al nuevo día,
sólo por el rocío.
Junta tu roja boca con la mía,
¡Oh Estrella la gitana!
Déjame bajo el claro mediodía
consumir la manzana.

La casada infiel

Y que yo me la llevé al río
creyendo que era mozuela,
pero tenía marido.
Fue la noche de Santiago
y casi por compromiso.
Se apagaron los faroles
y se encendieron los grillos.
En las últimas esquinas
toqué sus pechos dormidos,
y se me abrieron de pronto
como ramos de jacintos.
El almidón de su enagua
me sonaba en el oído,
como una pieza de seda
rasgada por diez cuchillos.
Sin luz de plata en sus copas
los árboles han crecido,
y un horizonte de perros
ladra muy lejos del río.

Pasadas las zarzamoras,
los juncos y los espinos,
bajo su mata de pelo
hice un hoyo sobre el limo.

Ella se quitó el vestido.
Yo el cinturón con revólver.
Ella sus cuatro corpiños.
Ni nardos ni caracolas
tienen el cutis tan fino,
ni los cristales con luna
relumbran con ese brillo.
Sus muslos se me escapaban
como peces sorprendidos,
la mitad llenos de lumbre,
la mitad llenos de frío.
Aquella noche corrí
el mejor de los caminos,
montando en potra de nácar
sin bridas y sin estribos.
No quiero decir, por hombre,
las cosas que ella me dijo.
La luz del entendimiento
me hace ser muy comedido.
Sucia de besos y arena,
yo me la llevé del río.
Con el aire se batían
las espadas de los lirios.

Me porté como quien soy.
Como un gitano legítimo.
Le regalé un costurero
grande, de raso pajizo,
y no quise enamorarme
porque teniendo marido
me dijo que era mozuela
cuando la llevaba al río.

Canción otoñal

Hoy siento en el corazón
un vago temblor de estrellas,
pero mi senda se pierde
en el alma de la niebla.
La luz me troncha las alas
y el dolor de mi tristeza
va mojando los recuerdos
en la fuente de la idea.
Todas las rosas son blancas,
tan blancas como mi pena,
y no son las rosas blancas,
que ha nevado sobre ellas.
Antes tuvieron el iris.
También sobre el alma nieva.
La nieve del alma tiene
copos de besos y escenas
que se hundieron en la sombra
o en la luz del que las piensa.
La nieve cae de las rosas,
pero la del alma queda,
y la garra de los años
hace un sudario con ellas.
¿Se deshelará la nieve
cuando la muerte nos lleva?

¿O después habrá otra nieve
y otras rosas más perfectas?
¿Será la paz con nosotros
como Cristo nos enseña?
¿O nunca será posible
la solución del problema?
¿Y si el amor nos engaña?
¿Quién la vida nos alienta
si el crepúsculo nos hunde
en la verdadera ciencia
del Bien que quizá no exista,
y del Mal que late cerca?
¿Si la esperanza se apaga
y la Babel se comienza,
qué antorcha iluminará
los caminos en la Tierra?
¿Si el azul es un ensueño,
qué será de la inocencia?
¿Qué será del corazón
si el Amor no tiene flechas?
¿Y si la muerte es la muerte,
qué será de los poetas
y de las cosas dormidas
que ya nadie las recuerda?
¡Oh sol de las esperanzas!
¡Agua clara! ¡Luna nueva!
¡Corazones de los niños!
¡Almas rudas de las piedras!
Hoy siento en el corazón
un vago temblor de estrellas
y todas las rosas son
tan blancas como mi pena.

Es verdad

¡Ay qué trabajo me cuesta
quererte como te quiero!
Por tu amor me duele el aire,
el corazón
y el sombrero.
¿Quién me compraría a mí
este cintillo que tengo
y esta tristeza de hilo
blanco, para hacer pañuelos?
¡Ay qué trabajo me cuesta
quererte como te quiero!

Serenata de Belisa

Por las orillas del río
se está la noche mojando
en los pechos de Lolita
se mueren de amor los ramos.
¡Se mueren de amor los ramos!
La noche canta desnuda
sobre los puentes de marzo.
Belisa lava su cuerpo
con agua salobre y nardos.
¡Se mueren de amor los ramos!
La noche de anís y plata
relumbra por los tejados.
Playas de arroyos y espejos
anís de tus muslos blancos.
¡Se mueren de amor los ramos!

Juan Ramón Jiménez

Poeta español nacido en Moguer, Huelva en 1881. Estudió Derecho en la Universidad de Sevilla, donde se aficionó al cultivo de la pintura. Salió de España al comienzo de la guerra civil, viviendo sucesivamente en Puerto Rico, La Habana, Florida y Washington. En 1956 recibió el Premio Nobel de Literatura, falleciendo dos años después, en medio de una profunda desolación por la pérdida de su esposa Zenobia. Autor entre otras obras de "Platero y Yo" y "Diario de un poeta recién casado".

El amor

El amor, a qué huele? Parece, cuando se ama,
que el mundo entero tiene rumor de primavera.
Las hojas secas tornan y las ramas con nieve,
y él sigue ardiente y joven, oliendo a rosa eterna.
Por todas partes abre guirnaldas invisibles,
todos sus fondos son líricos —risa o pena—,
la mujer a su beso cobra un sentido mágico
que, como en los senderos, sin cesar se renueva...
Vienen al alma música de ideales conciertos,
palabras de una brisa liviana entre arboledas;
se suspira y se llora, y el suspiro y el llanto
dejan como un romántico frescor de madreselvas...

Nostalgia

Al fin nos hallaremos. Las temblorosas manos
apretarán, suaves, la dicha conseguida,
por un sendero solo, muy lejos de los vanos
cuidados que ahora inquietan la fe de nuestra vida.
Las ramas de los sauces mojados y amarillos
nos rozarán las frentes. En la arena perlada,
verbenas llenas de agua, de cálices sencillos,
ornarán la indolente paz de nuestra pisada.
Mi brazo rodeará tu mimosa cintura,
tú dejarás caer en mi hombro tu cabeza,
¡y el ideal vendrá entre la tarde pura,
a envolver nuestro amor en su eterna belleza!

¿Remordimiento?

La tarde será un sueño de colores...
Tu fantástica risa de oro y plata
derramará en la gracia de las flores
su leve y cristalina catarata.
Tu cuerpo, ya sin mis amantes huellas,
errará por los grises olivares,
cuando la brisa mueva las estrellas
allá sobre la calma de los mares...
¡Sí, tú, tú misma...! irás por los caminos
y el naciente rosado de la luna
te evocará, subiendo entre los pinos,
mis tardes de pasión y de fortuna.
Y mirarás, en pálido embeleso,
sombras en pena, ronda de martirios,
allí donde el amor, beso tras beso,
fue como un agua plácida entre lirios...
¡Agua, beso que no dejó una gota
para el retorno de la primavera;
música sin sentido, seca y rota;
pájaro muerto en lírica pradera!
¡Te sentirás, tal vez, dulce, transida,
y verás, al pasar, en un abismo
al que pobló las frondas de tu vida
de flores de ilusión y de lirismo!

Amor

No, no has muerto, no.
Renaces,
con las rosas en cada primavera.
Como la vida, tienes
tus hojas secas; tienes tu nieve, como
la vida...
Mas tu tierra,
amor, está sembrada
de profundas promesas,
que han de cumplirse aun en el mismo
olvido.
¡En vano es que no quieras!
La brisa dulce torna, un día, al alma;
una noche de estrellas,
bajas, amor, a los sentidos,
casto como la vez primera.
¡Pues eres puro, eres
eterno! A tu presencia,
vuelven por el azul, en blanco bando,
blancas palomas que creíamos muertas...
Abres la sola flor con nuevas hojas...
Doras la inmortal luz con lenguas nuevas...
¡Eres eterno, amor,
como la primavera!

Lejos tú, lejos de ti...

Lejos tú, lejos de ti,
yo, más cerca del mío;
afuera tú, hacia la tierra,
yo hacia adentro, al infinito.
Los soles que tú verás,
serán los soles ya vistos;
yo veré los soles nuevos
que sólo enciende el espíritu.
Nuestros rostros, al volverse
a hallar, no dirán lo mismo.
Tu olvido estará en tus ojos,
en mi corazón mi olvido.

Aquella tarde, al decirle...

Aquella tarde, al decirle
que me alejaba del pueblo,
me miró triste, muy triste,
vagamente sonriendo.

Me dijo: ¿Por qué te vas?
Le dije: Porque el silencio
de estos valles me amortaja
como si estuviera muerto.

— ¿Por qué te vas? — He sentido
que quiere gritar mi pecho,
y en estos valles callados
voy a gritar y no puedo.

Y me dijo: ¿Adónde vas?
Y le dije: A donde el cielo
esté más alto y no brillen
sobre mí tantos luceros.

La pobre hundió su mirada
allá en los valles desiertos
y se quedó muda y triste,
vagamente sonriendo.

Luis Cernuda

Poeta español nacido en Sevilla en 1902. Perteneció a una familia acomodada donde respiró una atmósfera de estricta disciplina y desafecto reflejada en su carácter tímido, introvertido y amante de la soledad. En 1925 comenzó a frecuentar el ambiente literario, haciendo amistad con los más destacados poetas de su generación: Alberti, Aleixandre, Prados y García Lorca, entre otros. Exiliado después de la guerra civil, fue profesor de Literatura en Glasgow, Cambridge, Londres, Estados Unidos y México, donde falleció en 1963.

No decía palabras

No decía palabras,
acercaba tan sólo un cuerpo interrogante
porque ignoraba que el deseo es una pregunta
cuya respuesta no existe,
una hoja cuya rama no existe,
un mundo cuyo cielo no existe.

La angustia se abre paso entre los huesos,
remonta por las venas
hasta abrirse en la piel,
surtidores de sueño
hechos carne en interrogación vuelta a las nubes.

Un roce al paso,
una mirada fugaz entre las sombras,
bastan para que el cuerpo se abra en dos,
ávido de recibir en sí mismo
otro cuerpo que sueñe;
mitad y mitad, sueño y sueño, carne y carne,
iguales en figura, iguales en amor, iguales en deseo.

Aunque sólo sea una esperanza,
porque el deseo es una pregunta
cuya respuesta nadie sabe.

No intentemos el amor nunca

Aquella noche el mar no tuvo sueño.
Cansado de contar, siempre contar a tantas olas,
quiso vivir hacia lo lejos,
donde supiera alguien de su color amargo.

Con una voz insomne decía cosas vagas,
barcos entrelazados dulcemente
en un fondo de noche,
o cuerpos siempre pálidos, con su traje de olvido
viajando hacia nada.

Cantaba tempestades, estruendos desbocados
bajo cielos con sombra,
como la sombra misma,
como la sombra siempre
rencorosa de pájaros estrellas.

Su voz atravesando luces, lluvia, frío,
alcanzaba ciudades elevadas a nubes,
cielo sereno, colorado, glaciar del infierno,
todas puras de nieve o de astros caídos
en sus manos de tierra.

Mas el mar se cansaba de esperar las ciudades.
Allí su amor tan sólo era un pretexto vago
con sonrisa de antaño,
ignorado de todos.

Y con sueño de nuevo se volvió lentamente
adonde nadie
sabe de nadie.
Adonde acaba el mundo.

Todo esto por amor

Derriban gigantes de los bosques para hacer un durmiente,
derriban los instintos como flores,
deseos como estrellas
para hacer sólo un hombre con su estigma de hombre.

Que derriben también imperios de una noche,
monarquías de un beso,
no significa nada;
que derriben los ojos,
que derriben las manos como estatuas vacías.

Mas este amor cerrado por ver sólo su forma,
su forma entre las brumas escarlata,
quiere imponer la vida, como otoño ascendiendo tantas
    hojas
    hacia el último cielo,
    donde estrellas
    sus labios dan otras estrellas,
    donde mis ojos, estos ojos,
    se despiertan en otro.

Te quiero

Te quiero.

Te lo he dicho con el viento
jugueteando tal un animalillo en la arena
o iracundo como órgano tempestuoso;

te lo he dicho con el sol,
que dora desnudos cuerpos juveniles
y sonríe en todas las cosas inocentes;

te lo he dicho con las nubes,
frentes melancólicas que sostienen el cielo,
tristezas fugitivas;

te lo he dicho con las plantas,
leves caricias transparentes
que se cubren de rubor repentino;

te lo he dicho con el agua,
vida luminosa que vela un fondo de sombra;
te lo he dicho con el miedo,

te lo he dicho con la alegría,
con el hastío, con las terribles palabras.

Pero así no me basta;
más allá de la vida
quiero decírtelo con la muerte,
más allá del amor
quiero decírtelo con el olvido.

Contigo

¿Mi tierra?
Mi tierra eres tú.
¿Mi gente?
Mi gente eres tú.
El destierro y la muerte
para mí están adonde
no estés tú.
¿Y mi vida?
Dime, mi vida,
¿qué es, si no eres tú?

Miguel Hernández

Poeta español nacido en Orihuela, Alicante, en 1910. Hijo de campesinos, desempeñó entre otros oficios, el de pastor de cabras. Guiado por su amigo Ramón Sijé, se inició en la poesía desde los veinte años; publicó su primer libro "Perito en lunas" en 1933, y posteriormente, los sonetos agrupados en "El rayo que no cesa", marcaron la experiencia amorosa del poeta. Durante la guerra civil militó muy activamente en el bando republicano como Comisario de Cultura, siendo encarcelado y condenado a muerte al terminar el conflicto. Antes de morir, enfermo y detenido, publica su última obra, "Cancionero y romancero de ausencias". Falleció en 1942.

Orilla de tu vientre

¿Qué exaltaré en la tierra que no sea algo tuyo?
A mi lecho de ausente me echo como a una cruz
de solitarias lunas del deseo, y exalto
la orilla de tu vientre.
Clavellina del valle que provocan tus piernas.
Granada que ha rasgado de plenitud su boca.
Trémula zarzamora suavemente dentada
donde vivo arrojado.
Arrojado y fugaz como el pez generoso,
ansioso de que el agua, la lenta acción del agua
lo devaste: sepulte su decisión eléctrica
de fértiles relámpagos.
Aún me estremece el choque primero de los dos;
cuando hicimos pedazos la luna a dentelladas,
impulsamos las sábanas a un abril de amapolas,
nos inspiraba el mar.
Soto que atrae, umbría de vello casi en llamas,
dentellada tenaz que siento en lo más hondo,
vertiginoso abismo que me recoge, loco
de la lúcida muerte.
Túnel por el que a ciegas me aferro a tus entrañas.
Recóndito lucero tras una madreselva
hacia donde la espuma se agolpa, arrebatada

del íntimo destino.
En ti tiene el oasis su más ansiado huerto:
el clavel y el jazmín se entrelazan, se ahogan.
De ti son tantos siglos de muerte, de locura
como te han sucedido.
Corazón de la tierra, centro del universo,
todo se atorbellina, con afán de satélite
en torno a ti, pupila del sol que te entreabres
en la flor del manzano.
Ventana que da al mar, a una diáfana muerte
cada vez más profunda, más azul y anchurosa.
Su hálito de infinito propaga los espacios
entre tú y yo y el fuego.
Trágame, leve hoyo donde avanzo y me entierro.
La losa que me cubra sea tu vientre leve,
la madera tu carne, la bóveda tu ombligo,
la eternidad la orilla.
En ti me precipito como en la inmensidad
de un mediodía claro de sangre submarina,
mientras el delirante hoyo se hunde en el mar,
y el clamor se hace hombre.

Muerte nupcial

El lecho, aquella hierba de ayer y de mañana:
este lienzo de ahora sobre madera aún verde,
flota como la tierra, se sume en la besana
donde el deseo encuentra los ojos y los pierde.

Pasar por unos ojos como por un desierto;
como por dos ciudades que ni un amor contienen.
Mirada que va y vuelve sin haber descubierto
el corazón a nadie, que todos la enarenen.

Mis ojos encontraron en un rincón los tuyos.
Se descubrieron mudos entre las dos miradas.
Sentimos recorrernos un palomar de arrullos,
y un grupo de arrebatos de alas arrebatadas.

Cuanto más se miraban más se hallaban: más hondos
se veían, más lejos, más en uno fundidos.
El corazón se puso, y el mundo, más redondos.
Atravesaba el lecho la patria de los nidos.

Entonces, el anhelo creciente, la distancia
que va de hueso a hueso recorrida y unida,
al aspirar del todo la imperiosa fragancia;
proyectamos los cuerpos más allá de la vida.

Expiramos del todo. ¡Qué absoluto portento!
¡Qué total fue la dicha de mirarse abrazados,
desplegados los ojos hacia arriba un momento,
y al momento hacia abajo con los ojos plegados!

Pero no moriremos. Fue tan cálidamente
consumada la vida como el sol, su mirada.
No es posible perdernos. Somos plena simiente.
Y la muerte ha quedado, con los dos, fecundada.

Te me mueres de casta y de sencilla

Te me mueres de casta y de sencilla...
Estoy convicto, amor, estoy confeso
de que, raptor intrépido de un beso,
yo te libé la flor de la mejilla.

Yo te libé la flor de la mejilla,
y desde aquella gloria, aquel suceso,
tu mejilla, de escrúpulo y de peso,
se te cae deshojada y amarilla.

El fantasma del beso delincuente
el pómulo te tiene perseguido,
cada vez más patente, negro y grande.

Y sin dormir estás, celosamente,
vigilando mi boca ¡con qué cuido!
para que no se vicie y se desmande.

Por tu pie, la blancura más bailable

Por tu pie, la blancura más bailable,
donde cesa en diez partes tu hermosura,
una paloma sube a tu cintura,
baja a la tierra un nardo interminable.

Con tu pie vas poniendo lo admirable
del nácar en ridícula estrechura,
y adonde va tu pie va la blancura,
perro sembrado de jazmín calzable.

A tu pie, tan espuma como playa,
arena y mar, me arrimo y desarrimo
y al redil de su planta entrar procuro.

Entro y dejo que el alma se me vaya
por la voz amorosa del racimo:
pisa mi corazón que ya es maduro.

Menos tu vientre

Menos tu vientre
todo es confuso.
Menos tu vientre
todo es futuro
fugaz, pasado
baldío, turbio.
Menos tu vientre
todo es oculto,
menos tu vientre
todo inseguro,
todo es postrero
polvo sin mundo.
Menos tu vientre
todo es oscuro,
menos tu vientre
claro y profundo.

Mi corazón no puede con la carga

Mi corazón no puede con la carga
de su amorosa y lóbrega tormenta
y hasta mi lengua eleva la sangrienta
especie clamorosa que lo embarga.

Ya es corazón mi lengua lenta y larga,
mi corazón ya es lengua larga y lenta...
¿Quieres contar sus penas? Anda y cuenta
los dulces granos de la arena amarga.

Mi corazón no puede más de triste:
con el flotante espectro de un ahogado
vuela en la sangre y se hunde sin apoyo.

Y ayer, dentro del tuyo, me escribiste
que de nostalgia tienes inclinado
medio cuerpo hacia mí, medio hacia el hoyo.

Una querencia tengo por tu acento

Una querencia tengo por tu acento,
una apetencia por tu compañía
y una dolencia de melancolía
por la ausencia del aire de tu viento.

Paciencia necesita mi tormento
urgencia de tu garza galanía,
tu clemencia solar mi helado día,
tu asistencia la herida en que lo cuento.

¡Ay, querencia, dolencia y apetencia!:
tus sustanciales besos, mi sustento,
me faltan y me muero sobre mayo.

Quiero que vengas, flor, desde tu ausencia,
a serenar la sien del pensamiento
que desahoga en mí su eterno rayo.

La boca

Boca que arrastra mi boca,
boca que me has arrastrado:
boca que vienes de lejos
a iluminarme de rayos.
Alba que das a mis noches
un resplandor rojo y blanco.
Boca poblada de bocas:
pájaro lleno de pájaros.

Canción que vuelve las alas
hacia arriba y hacia abajo.
Muerte reducida a besos,
a sed de morir despacio,
das a la grama sangrante
dos tremendos aletazos.
El labio de arriba el cielo
y la tierra el otro labio.

Beso que rueda en la sombra:
beso que viene rodando
desde el primer cementerio
hasta los últimos astros.

Astro que tiene tu boca
enmudecido y cerrado,
hasta que un roce celeste
hace que vibren sus párpados.

Beso que va a un porvenir
de muchachas y muchachos,
que no dejarán desiertos
ni las calles ni los campos.
¡Cuánta boca ya enterrada,
sin boca, desenterramos!

Bebo en tu boca por ellos
brindo en tu boca por tantos
que cayeron sobre el vino
de los amorosos vasos.
Hoy son recuerdos, recuerdos
besos distantes y amargos.

Hundo en tu boca mi vida,
oigo rumores de espacios,
y el infinito parece
que sobre mí se ha volcado.

He de volver a besarte,
he de volver. Hundo, caigo,
mientras descienden los siglos
hacia los hondos barrancos
como una febril nevada
de besos enamorados.

Boca que desenterraste
el amanecer más claro

con tu lengua. Tres palabras,
tres fuegos has heredado:
vida, muerte, amor. Ahí quedan
escritos sobre tus labios.

El amor ascendía

El amor ascendía entre nosotros
como la luna entre las dos palmeras
que nunca se abrazaron.
El íntimo rumor de los dos cuerpos
hacia el arrullo un oleaje trajo,
pero la ronca voz fue atenazada.
Fueron pétreos los labios.
El ansia de ceñir movió la carne,
esclareció los huesos inflamados,
pero los brazos al querer tenderse
murieron en los brazos.
Pasó el amor, la luna, entre nosotros
y devoró los cuerpos solitarios.
Y somos dos fantasmas que se buscan
y se encuentran lejanos.

Ropas con su olor

Ropas con su olor
paños con su aroma.
Se alejó en su cuerpo,
me dejó en sus ropas.
Lecho sin calor,
sábana de sombra.
Se ausentó en su cuerpo.
Se quedó en sus ropas.

Nicolás Guillén

Poeta cubano nacido en Camagüey en 1902. Desde muy joven se inclinó por las actividades culturales y políticas de su país, ocupando cargos importantes en la diplomacia a raíz del triunfo de la revolución cubana. Su inclinación posmodernista y vanguardista lo convirtió en el autor más destacado de la poesía afro-antillana. Su obra poética se inició con "Motivos de Son" en 1930, y "Sóngoro Cosongo" en 1931. Falleció en 1989.

Piedra de horno

La tarde abandonada gime deshecha en lluvia.
Del cielo caen recuerdos y entran por la ventana.
Duros suspiros rotos, quimeras lastimadas.
Lentamente va viniendo tu cuerpo.
Llegan tus manos en su órbita
de aguardiente de caña;
tus pies de lento azúcar quemados por la danza,
y tus muslos, tenazas del espasmo,
y tu boca, sustancia
comestible y tu cintura
de abierto caramelo.
Llegan tus brazos de oro, tus dientes sanguinarios;
de pronto entran tus ojos traicionados;
tu piel tendida, preparada
para la siesta:
tu olor a selva repentina; tu garganta
gritando —no sé, me lo imagino—, gimiendo
—no sé, me lo figuro—, quemándose
—no sé, supongo, creo;
tu garganta profunda
retorciendo palabras prohibidas.
Un río de promesas
desciende de tu pelo,

se demora en tus senos,
cuaja al fin en un charco de melaza en tu vientre,
viola tu carne firme de nocturno secreto.
Carbón ardiente y piedra de horno
en esta tarde fría de lluvia y de silencio.

Madrigal

Tu vientre sabe más que tu cabeza
y tanto como tus muslos.
Ésa
es la fuerte gracia negra
de tu cuerpo desnudo.
Signo de selva el tuyo,
con tus collares rojos,
tus brazaletes de oro curvo,
y ese caimán oscuro
nadando en el Zambeze de tus ojos.

Un poema de amor

No sé. Lo ignoro.
Desconozco todo el tiempo que anduve
sin encontrarla nuevamente.
¿Tal vez un siglo? Acaso.
Acaso un poco menos: noventa y nueve años.
¿O un mes? Pudiera ser. En cualquier forma
un tiempo enorme, enorme, enorme.
Al fin como una rosa súbita,
repentina campánula temblando,
la noticia.
Saber de pronto
que iba a verla otra vez, que la tendría
cerca, tangible, real, como en los sueños.
¡Qué trueno sordo
rodándome en las venas,
estallando allá arriba
bajo mi sangre, en una
nocturna tempestad!
¿Y el hallazgo, en seguida? ¿Y la manera
que nadie comprendiera
que ésa es nuestra propia manera?
Un roce apenas, un contacto eléctrico,
un apretón conspirativo, una mirada,

un palpitar del corazón
gritando, aullando con silenciosa voz.
Después
(ya lo sabéis desde los quince años)
ese aletear de las palabras presas,
palabras de ojos bajos,
penitenciales,
entre testigos enemigos,
todavía
un amor de "lo amo"
de "usted", de "bien quisiera,
pero es imposible..." De "no podemos,
no, piénselo usted mejor..."
Es un amor así,
es un amor de abismo en primavera,
cortés, cordial, feliz, fatal.
La despedida, luego,
genérica,
en el turbión de los amigos.
Verla partir y amarla como nunca;
seguirla con los ojos,
y ya sin ojos seguir viéndola lejos,
allá lejos, y aún seguirla
más lejos todavía,
hecha de noche,
de mordedura, beso, insomnio,
veneno, éxtasis, convulsión,
suspiro, sangre, muerte...
Hecha
de esa sustancia conocida
con que amasamos una estrella.

Los fieles amantes

Noche mucho más noche; el amor ya es un hecho.
Feliz nivel de paz extiende el sueño
como una perfección todavía amorosa.
Bulto adorable, lejos ya,
se adormece,
y a su candor en la isla se abandona,
animal por ahí, latente.
¡Qué diario infinito sobre el lecho
de una pasión: costumbre rodeada de arcano!
¡Oh noche, más oscura en nuestros brazos!

La tarde pidiendo amor...

La tarde pidiendo amor.
Aire frío, cielo gris.
Muerto sol.
La tarde pidiendo amor.

Pienso en sus ojos cerrados,
la tarde pidiendo amor,
y en sus rodillas sin sangre,
la tarde pidiendo amor,
y en sus manos de uñas verdes,
y en su frente sin color,
y en su garganta sellada...
La tarde pidiendo amor,
la tarde pidiendo amor,
la tarde pidiendo amor.

No.
No, que me sigue los pasos,
no;
que me habló, que me saluda,
no;
que miro pasar su entierro,
no;

que me sonríe, tendida,
tendida, suave y tendida,
sobre la tierra, tendida,
muerta de una vez, tendida...
No.

Mujer nueva

Con el círculo ecuatorial
ceñido a la cintura como a un pequeño mundo
la negra, mujer nueva,
avanza en su ligera bata de serpiente.
Coronada de palmas,
como una diosa recién llegada,
ella trae la palabra inédita,
el anca fuerte,
la voz, el diente, la mañana y el salto.
Chorro de sangre joven
bajo un pedazo de piel fresca,
y el pie incansable
para la pista profunda del tambor.

Tu recuerdo

Siento que se despega tu recuerdo
de mi mente, como una vieja estampa;
tu figura no tiene ya cabeza
y un brazo está deshecho, como en esas
calcomanías desoladas
que ponen los muchachos en la escuela
y son después, en el libro olvidado,
una mancha dispersa.
Cuando estrecho tu cuerpo
tengo la blanda sensación de que
estás hecho de estopa.
Me hablas, y tu voz viene de tan lejos
que apenas puedo oírte.
Además, ya no te creo.
Yo mismo, ya curado
de la pasión antigua,
me pregunto cómo fue que pude
amarte,
tan inútil, tan vana,
tan floja que antes del año
de tenerte en mis brazos
ya te estás deshaciendo
como un jirón de humo;

y ya te estás borrando
como un dibujo antiguo,
y ya te me despegas en la mente
como una vieja estampa.

Madrigal

Sencilla y vertical
como una caña en el cañaveral.
Oh retadora del furor
genital:
tu andar fabrica para el espasmo gritador
espuma esquina entre tus muslos de metal.

Pedro Salinas

*P*oeta español nacido en Madrid en 1891 y fallecido en Boston en 1951. Estudió Derecho y Filosofía y Letras. Fue profesor en la Sorbona y Cambridge y conferencista en varias universidades de América donde vivió desde 1936. De su obra poética se destacan, "Presagios", "Razón de amor" y "Largo lamento".

Aquí

Aquí
en esta orilla blanca
del lecho donde duermes
estoy al borde mismo
de tu sueño. Si diera
un paso más, caería
en sus ondas, rompiéndolo
como un cristal. Me sube
el calor de tu sueño
hasta el rostro. Tu hálito
te mide la andadura
del soñar: va despacio.
Un soplo alterno, leve
me entrega ese tesoro
exactamente: el ritmo
de tu vivir soñando.
Miro. Veo la estofa
de que está hecho tu sueño.
La tienes sobre el cuerpo
como coraza ingrávida.
Te cerca de respeto.
A tu virgen te vuelves
toda entera, desnuda,

cuando te vas al sueño.
En la orilla se paran
las ansias y los besos:
esperan, ya sin prisa,
a que abriendo los ojos
renuncies a tu ser
invulnerable. Busco
tu sueño. Con mi alma
doblada sobre ti
las miradas recorren,
traslúcida, tu carne
y apartan dulcemente
las señas corporales,
para ver si hallan detrás
las formas de tu sueño.
No la encuentran. Y entonces
pienso en tu sueño. Quiero
descifrarlo. Las cifras
no sirven, no es secreto.
Es sueño y no misterio.
Y de pronto, en el alto
silencio de la noche,
un soñar mío empieza
al borde de tu cuerpo;
en él el tuyo siento.
Tú dormida, yo en vela,
hacíamos lo mismo.
No había qué buscar:
tu sueño era mi sueño.

¿Serás, amor?

¿Serás, amor
un largo adiós que no se acaba?
Vivir, desde el principio, es separarse.
En el mismo encuentro
con la luz, con los labios,
el corazón percibe la congoja
de tener que estar ciego y sólo un día.
Amor es el retraso milagroso
de su término mismo:
es prolongar el hecho mágico
de que uno y uno sean dos, en contra
de la primer condena de la vida.
Con los besos,
con la pena y el pecho se conquistan,
en afanosas lides, entre gozos
parecidos a juegos,
días, tierras, espacios fabulosos,
a la gran disyunción que está esperando,
hermana de la muerte o muerte misma.
Cada beso perfecto aparta el tiempo,
le echa hacia atrás, ensancha el mundo breve
donde puede besarse todavía.
Ni en el lugar, ni en el hallazgo

tiene el amor su cima:
es en la resistencia a separarse
en donde se le siente,
desnudo altísimo, temblando.
Y la separación no es el momento
cuando brazos, o voces,
se despiden con señas materiales.
Es de antes, de después.
Si se estrechan las manos, si se abraza,
nunca es para apartarse,
es porque el alma ciegamente siente
que la forma posible de estar juntos
es una despedida larga, clara
y que lo más seguro es el adiós.

Sí, reciente

No te quiero mucho, amor.
No te quiero mucho. Eres
tan cierto y mío, seguro,
de hoy, de aquí,
que tu evidencia es el filo
con que me hiere el abrazo.
Espero para quererte.
Se gastarán tus aceros
en días y noches blandos,
y a lo lejos turbio, vago,
en nieblas de fue o no fue,
en el mar del más y el menos,
cómo te voy a querer,
amor,
ardiente cuerpo entregado,
cuando te vuelvas recuerdo,
sombra esquiva entre los brazos.

Nadadora de noche

Nadadora de noche, nadadora
entre olas y tinieblas.
Brazos blancos hundiéndose, naciendo,
con un ritmo
regido por designios ignorados,
avanzas
contra la doble resistencia sorda
de oscuridad y mar, de mundo oscuro.
Al naufragar el día,
tú, pasajera
de travesías por abril y mayo,
te quisiste salvar, te estás salvando,
de la resignación, no de la suerte.
Se te rompen las alas, desbravadas,
hecho su asombro espuma,
arrepentidas ya de su milicia,
cuando tú les ofreces, como un pacto,
tu fuerte pecho virgen.
Se te rompen
las densas ondas anchas de la noche
contra ese afán de claridad que buscas,
brazada por brazada, y que levanta
un espumar altísimo en el cielo;

espumas de luceros; sí, de estrellas,
que te salpica el rostro
con un tumulto de constelaciones;
de mundos. Desafía
mares de siglos, siglos de tinieblas,
tu inocencia desnuda.
Y el rítmico ejercicio de tu cuerpo
soporta, empuja, salva
mucho más que tu carne. Así tu triunfo
tu fin será, y al cabo, traspasadas
el mar, la noche, las conformidades,
del otro lado ya del mundo negro,
en la playa del mundo que alborea,
morirás en la aurora que ganaste.

Ayer te besé en los labios...

Ayer te besé en los labios.
Te besé en los labios. Densos,
rojos. Fue un beso tan corto,
que duró más que un relámpago,
que un milagro, más. El tiempo
después de dártelo
no lo quise para nada ya,
para nada
lo había querido antes.
Se empezó, se acabó en él.
Hoy estoy besando un beso;
estoy solo con mis labios.
Los pongo
no en tu boca, no, ya no...
—¿Adónde se me ha escapado?
Los pongo
en el beso que te di
ayer, en las bocas juntas
del beso que se besaron.
Y dura este beso más
que el silencio, que la luz.
Porque ya no es una carne
ni una boca lo que beso,
que se escapa, que me huye.
No.
Te estoy besando más lejos.

¿Fue como beso o llanto?

¿Fue como beso o llanto?
¿Nos hallamos
con las manos, buscándonos
a tientas, con los gritos,
clamando, con las bocas
que el vacío besaban?
¿Fue un choque de materia
y materia, combate
de pecho contra pecho,
que a fuerza de contactos
se convirtió en victoria
gozosa de los dos,
en prodigioso pacto
de tu ser con mi ser
enteros?
¿O tan sencillo fue,
tan sin esfuerzo, como
una luz que se encuentra
con otra luz, y queda
iluminado el mundo,
sin que nada se toque?

Pensarte es tenerte

¡Cómo me dejas que te piense!
Pensar en ti no lo hago solo, yo.
Pensar en ti es tenerte,
como el desnudo cuerpo ante los besos,
toda ante mí, entregada.
Siento cómo te das a mi memoria,
cómo te rindes al pensar ardiente,
tu gran consentimiento en la distancia,
y más que consentir, más que entregarte,
me ayudas, vienes hasta mí, me enseñas
recuerdos en escorzo, me haces señas
con las delicias, vivas, del pasado,
invitándome.
Me dices desde allá
que hagamos lo que quiero
—unirnos— al pensarte,
y entramos por el beso que me abres,
y pensamos en ti, los dos, yo solo.

Posesión de tu nombre...

Posesión de tu nombre,
sola que tú permites,
felicidad, alma sin cuerpo.
Dentro de mí te llevo
porque digo tu nombre,
felicidad dentro del pecho.
"Ven", y tú llegas quedo;
"vete": y rápida huyes.
Tu presencia y tu ausencia
sombra son una de otra,
sombras me dan y quitan.
(¡Y mis brazos abiertos!)
Pero tu cuerpo nunca
pero tus labios nunca,
felicidad, alma sin cuerpo, sombra pura.

El alma tenías...

El alma tenías
tan clara y abierta,
que yo nunca pude
entrarme en tu alma.
Busqué los atajos
angostos, los pasos
altos y difíciles...
A tu alma se iba
por caminos anchos.
Preparé alta escala
—soñaba altos muros
guardándote el alma—,
pero el alma tuya
estaba sin guarda
de tapial ni cerca.
Te busqué la puerta
estrecha del alma,
pero no tenía,
de franca que era,
entrada tu alma.
¿En dónde empezaba?
¿acababa, en dónde?
Me quedé por siempre
sentado en las vagas
lindes de tu alma.

No te veo. Bien sé...

No te veo. Bien sé
que estás aquí, detrás
de una frágil pared
de ladrillos y cal, bien al alcance
de mi voz, si llamara.
Pero no llamaré.
Te llamaré mañana,
cuando, al no verte ya
me imagine que sigues
aquí cerca, a mi lado,
y que basta hoy la voz
que ayer no quise dar.
Mañana... cuando estés
allá detrás de una
frágil pared de vientos,
de cielos y de años.

Pregunta más allá

¿Por qué pregunto dónde estás,
si no estoy ciego,
si tú no estás ausente?
Si te veo
ir y venir,
a ti, a tu cuerpo alto
que se termina en voz,
como en humo la llama,
en el aire, impalpable.
Y te pregunto, sí,
y te pregunto de qué eres,
de quién;
y abres los brazos
y me enseñas
la alta imagen de ti
y me dices que mía.
Y te pregunto, siempre.

Perdóname por ir así buscándote...

Perdóname por ir así buscándote
tan torpemente, dentro
de ti.
Perdóname el dolor alguna vez.
Es que quiero sacar
de ti tu mejor tú.
Ese que no te viste y que yo veo,
nadador por tu fondo, preciosísimo.
Y cogerlo
y tenerlo yo en lo alto como tiene
el árbol la luz última
que le ha encontrado al sol.
Y entonces tú
en su busca vendrías, a lo alto.
Para llegar a él
subida sobre ti, como te quiero,
tocando ya tan sólo a tu pasado
con las puntas rosadas de tus pies,
en tensión todo el cuerpo, ya ascendiendo
de ti a ti misma.
Y que a mi amor entonces le conteste
la nueva criatura que tú eres.

Si tú supieras que...

¡Si tú supieras que ese
gran sollozo que estrechas
en tus brazos, que esa
lágrima que tú secas
besándola,
vienen de ti, son tú,
dolor de ti hecho lágrimas
mías, sollozos míos!
Entonces
ya no preguntarías
al pasado, a los cielos,
a la frente, a las cartas,
qué tengo, por qué sufro.
Y toda silenciosa,
con ese gran silencio
de la luz y el saber,
me besarías más,
y desoladamente.
Con la desolación
del que no tiene al lado
otro ser, un dolor
ajeno; del que está
solo ya con su pena.
Queriendo consolar
en un otro quimérico
el gran dolor que es tuyo.

Presagios

¡Cuánto rato te he mirado
sin mirarte a ti, en la imagen
exacta e inaccesible
que te traiciona el espejo!
"Bésame", dices. Te beso,
y mientras te beso, pienso
en lo fríos que serán
tus labios en el espejo.
"Toda el alma para ti",
murmuras, pero en el pecho
siento un vacío que sólo
me lo llenará ese alma
que no me das.
El alma que se recata
con disfraz de claridades
en tu forma del espejo.

A esa, a la que yo quiero

A esa, a la que yo quiero,
no es a la que se da rindiéndose,
a la que se entrega cayendo,
de fatiga, de peso muerto,
como el agua por ley de lluvia,
hacia abajo, presa segura
de la tumba vaga del suelo.
A esa, a la que yo quiero,
es a la que se entrega venciendo,
venciéndose,
desde su libertad saltando
por el ímpetu de la gana,
de la gana de amor, surtida,
surtidor, o garza volante,
o disparada —la saeta—,
sobre su pena victoriosa,
hacia arriba, ganando el cielo.

Pensar en ti esta noche...

Pensar en ti esta noche
no era pensarte con mi pensamiento,
yo solo, desde mí. Te iba pensando
conmigo, extensamente, el ancho mundo.
El gran sueño del campo, las estrellas,
callado el mar, las hierbas invisibles,
sólo presentes en perfumes secos,
todo,
de Aldebarán al grillo te pensaba.
¡Qué sosegadamente
se hacía la concordia
entre las piedras, los luceros,
el agua muda, la arboleda trémula,
todo lo inanimado,
y el alma mía
dedicándolo a ti! Todo acudía
dócil a mi llamada, a tu servicio,
ascendido a intención y a fuerza amante.
Concurrían las luces y las sombras
a la luz de quererte; concurrían
el gran silencio, por la tierra, plano,
suaves voces de nubes, por el cielo,
al cántico hacia ti que en mí cantaba.

Una conformidad de mundo y ser,
de afán y tiempo, inverosímil tregua,
se entraba en mí, como la dicha entera
cuando llega sin prisa, beso a beso.
Y casi
dejé de amarte por amarte más,
en más que en mí, inmensamente confiando
ese empleo de amar a la gran noche
errante por el tiempo y ya cargada
de misión, misionera
de un amor vuelto estrellas, calma, mundo,
salvado ya del miedo
al cadáver que queda si se olvida.

Tú vives siempre en tus actos

Tú vives siempre en tus actos.
Con la punta de tus dedos
pulsas el mundo, le arrancas
auroras, triunfos, colores,
alegrías: es tu música.
La vida es lo que tú tocas.
De tus ojos, sólo de ellos,
sale la luz que te guía
los pasos. Andas
por lo que ves. Nada más.
Y si una duda te hace
señas a diez mil kilómetros,
lo dejas todo, te arrojas
sobre proas, sobre alas,
estás ya allí; con los besos,
con los dientes la desgarras:
ya no es duda.
Tú nunca puedes dudar.
Porque has vuelto los misterios
del revés. Y tus enigmas,
lo que nunca entenderás,
son esas cosas tan claras:
la arena donde te tiendes,

la marcha de tu reloj
y el tierno cuerpo rosado
que te encuentras en tu espejo
cada día al despertar,
y es el tuyo. Los prodigios
que están descifrados ya.
Y nunca te equivocaste,
más que una vez, una noche
que te encaprichó una sombra
—la única que te ha gustado—.
Una sombra parecía.
Y la quisiste abrazar.
Y era yo.

Tú no puedes quererme

Tú no puedes quererme:
estás alta, ¡qué arriba!
Y para consolarme
me envías sombras, copias
retratos, simulacros,
todos tan parecidos
como si fueses tú.
Entre figuraciones
vivo, de ti, sin ti.

Me quieren,
me acompañan. Nos vamos
por los claustros del agua,
por los hielos flotantes,
por las pampas, o a cines
minúsculos y hondos.
Siempre hablando de ti.
Me dicen:
"No somos ella, pero
¡si tú vieras qué iguales!"
Tus espectros, qué brazos
largos, qué labios duros
tienen: sí, como tú.

Ellos

Por fingir que me quieres,
me abrazan y me besan.
Sus voces tiernas dicen
que tú abrazas, que tú
besas así. Yo vivo
de sombras, entre sombras
de carne tibia, bella,
con tus ojos, tu cuerpo,
tus besos, sí, con todo
lo tuyo menos tú.
Con criaturas falsas,
divinas, interpuestas
para que ese gran beso
que no podemos darnos
me lo den, se lo dé.

Fe mía

No me fío de la rosa
de papel,
tantas veces que la hice
yo con mis manos.
Ni me fío de la otra
rosa verdadera,
hija del sol y sazón,
la prometida del viento.
De ti que nunca te hice,
de ti que nunca te hicieron,
de ti me fío, redondo
seguro azar.

La forma de querer tú

La forma de querer tú
es dejarme que te quiera.
El sí con que te me rindes
es el silencio. Tus besos
son ofrecerme los labios
para que los bese yo.
Jamás palabras, abrazos,
me dirán que tú existías,
que me quisiste: Jamás.
Me lo dicen hojas blancas,
mapas, augurios, teléfonos;
tú, no.
Y estoy abrazado a ti
sin preguntarte, de miedo
a que no sea verdad
que tú vives y me quieres.
Y estoy abrazado a ti
sin mirar y sin tocarte.
No vaya a ser que descubra
con preguntas, con caricias,
esa soledad inmensa
de quererte sólo yo.

Rafael Alberti

Poeta y dramaturgo español, nacido en el puerto de Santa María, Cádiz, en 1902 y fallecido en Madrid en 1999. Considerado como uno de los grandes poetas del panorama literario español, fue el último poeta de la Generación del 27, ganador del Premio Nacional de Literatura en 1925 y del Premio Cervantes en 1983. Durante la guerra civil militó activamente en la política y dirigió varias revistas de orientación comunista. Vivió en el exilio hasta el año de 1977. Entre sus obras más importantes se cuentan "Marinero en Tierra", "Sobre los Ángeles", "Cal y Canto" y "Sermones y Moradas".

Campo de batalla

Nace en las ingles un calor callado,
como un rumor de espuma silencioso.
Su dura mimbre el tulipán precioso
dobla sin agua, vivo y agotado.
Crece en la sangre un desasosegado,
urgente pensamiento belicoso.
La exhausta flor perdida en su reposo
rompe su sueño en la raíz mojado.
Salta la tierra y de su entraña pierde
savia, veneno y alameda verde.
Palpita, cruje, azota, empuja, estalla.
La vida hiende vida en plena vida.
Y aunque la muerte gane la partida,
todo es un campo alegre de batalla.

Soneto

Oh tú mi amor, la de subidos senos
en punta de rubíes levantados
los más firmes, pulidos, deseados,
llenos de luz y de penumbra llenos.
Hermosos, dulces, mágicos, serenos
o en la batalla erguidos, agitados,
o ya en juegos de puro amor besados,
gráciles corzas de dormir morenos.
Oh tú mi amor, el esmerado estilo
de tu gran hermosura que en sigilo
casi muriendo alabo a toda hora.
Oh tú mi amor, yo canto la armonía
de tus perfectos senos la alegría
al ver que se me abren cada aurora.

Amaranta

Rubios, pulidos senos de Amaranta,
por una lengua de lebrel limados
pórticos de limones desviados
por el canal que asciende a tu garganta.
Rojo, un puente de rizos se adelanta
e incendia tus marfiles ondulados.
Muerde, heridor, tus dientes desangrados,
y corvo, en vilo, al viento te levanta.
La soledad, dormida en la espesura
calza su pie de céfiro y desciende
del olmo alto al mar de la llanura.
Su cuerpo en sombra, oscuro, se le enciende,
y gladiadora, como un ascua impura
entre Amaranta y su amador se tiende.

Canción a Altair

Cuando abre sus piernas Altair
en la mitad del cielo,
fulge en su centro la más bella noche
concentrada de estrellas
que palpitan lloviéndose en mis labios,
mientras aquí en la tierra,
una lejana, ardiente
pupila sola, anuncia la llegada
de una nueva; dichosa,
ciega constelación desconocida.
Altair:
Oh, soñar con tus siempre apetecidas
altas colinas dulces y apretadas,
y con tus manos juntas resbaladas,
en el monte de Venus escondidas.....

Retornos del amor en las arenas

Esta mañana, amor, tenemos veinte años.
Van voluntariamente lentas, entrelazándose
nuestras sombras descalzas camino de los huertos
que enfrentan los azules de mar con sus verdores.
Tú todavía eres casi la aparecida,
la llegada una tarde sin luz entre dos luces,
cuando el joven sin rumbo de la ciudad prolonga,
pensativo, a sabiendas el regreso a su casa.
Tú todavía eres aquella que a mi lado
vas buscando el declive secreto de las dunas,
la ladera recóndita de la arena, el oculto
cañaveral que pone
cortinas a los ojos marineros del viento.
Allí estás, allí estoy contra ti, comprobando
la alta temperatura de las odas felices,
el corazón del mar ciegamente ascendido,
muriéndose en pedazos de dulce sal y espumas.
Todo nos mira alegre, después, por las orillas.
Los castillos caídos sus almenas levantan,
las algas nos ofrecen coronas y las velas,
tendido el vuelo, quieren cantar sobre las torres.
Esta mañana, amor, tenemos veinte años.

Retornos del amor tal como era

Eras en aquel tiempo rubia y grande,
sólida espuma ardiente y levanta.
Parecías un cuerpo desprendido
de los centros del sol, abandonado
por un golpe de mar en las arenas.
Todo era fuego en aquel tiempo. Ardía
la playa en tu contorno. A rutilantes
vidrios de voz quedaban reducidos
las algas, los moluscos y las piedras
que el oleaje contra ti mandaba.
Todo era fuego, exhalación, latido
de onda caliente en ti. Si era una mano
la atrevida o los labios, ciegas ascuas,
voladoras, silbaban por el aire.
Tiempo abrasado, sueño consumido.
Yo me volqué en tu espuma en aquel tiempo.

Malva-luna de yelo

Las floridas espaldas ya en la nieve,
y los cabellos de marfil al viento.
Agua muerta en la sien, el pensamiento
color halo de luna cuando llueve.

¡Oh, qué clamor bajo del seno breve,
qué palma al aire el solitario aliento!
¡Qué témpano, cogido al firmamento,
el pie descalzo que a morir se atreve!

Brazos de mar, en cruz, sobre la helada
bandeja de la noche; senos fríos,
de donde surge, yerta, la alborada;

¡oh piernas como dos celestes ríos,
Malva-luna-de-yelo, amortajada
bajo los mares de los ojos míos!

Te digo adiós, amor

Te digo adiós, amor, y no estoy triste.
Gracias, mi amor, por lo que ya me has dado,
un solo beso lento y prolongado
que se truncó en dolor cuando partiste.

No supiste entender, no comprendiste
que era un amor final, desesperado,
ni intentaste arrancarme de tu lado
cuando con duro corazón me heriste.

Lloré tanto aquel día que no quiero
pensar que el mismo sufrimiento espero
cada vez que en tu vida reaparece

ese amor que al negarlo te ilumina.
Tu luz es él cuando mi luz decrece,
tu solo amor cuando mi amor declina.

Retornos del amor en los vividos paisajes

Creemos, amor mío, que aquellos paisajes
se quedaron dormidos o muertos con nosotros
en la edad, en el día en que los habitamos;
que los árboles pierden la memoria
y las noches se van, dando al olvido
lo que las hizo hermosas y tal vez inmortales.
Pero basta el más leve palpitar de una hoja,
una estrella borrada que respira de pronto
para vernos los mismos alegres que llenamos
los lugares que juntos nos tuvieron.
Y así despiertas hoy, mi amor, a mi costado,
entre los groselleros y las fresas ocultas
al amparo del firme corazón de los bosques.
Allí está la caricia mojada de rocío,
las briznas delicadas que refrescan tu lecho,
los silfos encantados de ornar tu cabellera
y las altas ardillas misteriosas que llueven
sobre tu sueño el verde menudo de las ramas.
Sé feliz, hoja, siempre: nunca tengas otoño,
hoja que me has traído
con tu temblor pequeño
el aroma de tanta ciega edad luminosa.
Y tú, mínima estrella perdida que me abres

las íntimas ventanas de mis noches más jóvenes,
nunca cierres tu lumbre
sobre tantas alcobas que al alba nos durmieron
y aquella biblioteca con la luna
y los libros aquellos dulcemente caídos
y los montes afuera desvelados cantándonos.

Retornos del ángel de sombra

A veces, amor mío, soy tu ángel de sombra.
Me levanto de no sé qué guaridas,
fulmíneo, entre los dientes
una espada de filos amargos, una triste
espada que tú bien, mi pobre amor, conoces.
Son los días oscuros de la furia, las horas
del despiadado despertar, queriéndote
en medio de las lágrimas subidas
del más injusto y dulce desconsuelo.
Yo sé, mi amor, de dónde esas tinieblas
vienen a mí, ciñéndote, apretándome
hasta hacerlas caer sobre tus hombros
y doblarlos, deshechos como un río.
¿Qué quieres tú, si a veces, amor mío, así soy,
cuando en las imborrables piedras pasadas, ciego,
me destrozo y batallo por romperlas,
por verte libre y sola en la luz mía?
Vencido siempre, aniquilado siempre,
vuelvo a la calma, amor, a la serena
felicidad, hasta ese oscuro instante
en que de nuevo bajo a mis guaridas
para erguirme otra vez tu ángel de sombra.

Retornos del amor recién aparecido

Cuando tú apareciste,
penaba yo en la entraña más profunda
de una cueva sin aire y sin salida.
Braceaba en lo oscuro, agonizando,
oyendo un estertor que aleteaba
como el latir de un ave imperceptible.
Sobre mí derramaste tus cabellos
y ascendí al sol y vi que eran la aurora
cubriendo un alto más en primavera.
Fue como si llegara al más hermoso
puerto del mediodía. Se anegaban
en ti los más lucidos paisajes:
claros, agudos montes coronados
de nueve rosas, fuentes escondidas
en el rizado umbroso de los bosques.
Yo aprendí a descansar sobre sus hombros
y a descender por ríos y laderas,
a entrelazarme en las tendidas ramas
y a hacer del sueño mi más dulce muerte.
Arcos me abriste y mis floridos años
recién subidos a la luz, yacieron
bajo el amor de tu apretada sombra,
sacando el corazón al viento libre

y ajustándolo al verde son del tuyo.
Ya iba a dormir, ya a despertar sabiendo
que no penaba en una cueva oscura,
braceando sin aire y sin salida.
Porque habías al fin aparecido.

Canción de amor

Amor, deja que me vaya,
déjame morir, amor.
Tú eres el mar y la playa.
Amor.
Amor, déjame la vida,
no dejes que muera, amor.
Tú eres mi luz escondida.
Amor.
Amor, déjame quererte.
Abre las fuentes, amor.
Mis labios quieren beberte.
Amor.
Amor, está anocheciendo.
Duermen las flores, amor,
y tú estás amaneciendo.
Amor.

Retornos del amor

Soñarte, amor, soñarte como entonces,
ante aquellas dianas desceñidas,
aquellas diosas de robustos pechos
y el viento impune entre las libres piernas.

Tú eras lo mismo, amor. Todas las Gracias.
igual que tres veranos encendidos,
el levantado hervor de las bacantes,
la carrera bullente de las ninfas,
esa maciza flor de la belleza
redonda y clara, poderosamente
en ti se abría, en ti también se alzaba.

Soñarte como entonces, sí, soñarte
ante aquellas fundidas alamedas,
jardín de Amor en donde la ancha Venus,
muslos dorados, vientre pensativo,
se baña en el concierto de la tarde.

Soñarte, amor, soñarte, oh, sí, soñarte
la idéntica de entonces, la surgida,
del mar y aquellos bosques, reviviendo
en ti el amor henchido, sano y fuerte
de las antiguas diosas terrenales.

Sabes tanto de mí

Sabes tanto de mí, que yo mismo quisiera
repetir con tus labios mi propia poesía,
elegir un pasaje de mi vida primera:
un cometa en la playa, peinado por Sofía.
No tengo que esperar ni que decirte espera
a ver en la memoria de la melancolía,
los pinares de Ibiza, la escondida trinchera,
el lento amanecer sin que llegara el día.
Y luego amor, y luego, ver que la vida avanza
plena de abiertos años y plena de colores,
sin final, no cerrada al sol por ningún muro.
Tú sabes bien que en mí no muere la esperanza,
que los años en mí no son hojas, son flores,
que nunca soy pasado, sino siempre futuro.

Ven

Ven, mi amor, en la tarde de Aniene
y siéntate conmigo a ver el viento.
Aunque no estés, mi solo pensamiento
es ver contigo el viento que va y viene.
Tú no te vas, porque mi amor te tiene.
Yo no me iré, pues junto a ti me siento
más vida de mi sangre, más tu aliento,
más luz del corazón que me sostiene.
Tú no te irás, mi amor, aunque lo quieras.
Tú no te irás, mi amor, y si te fueras,
aun yéndote, mi amor, jamás te irías.
Es tuya mi canción, en ella estoy.
Y en ese viento que va y viene voy,
y en ese viento siempre me verías.

Sixtina

Tú mi vida, esta noche me has borrado
del corazón y hasta del pensamiento,
y tal vez, sin saberlo, me has negado
dándome por perdido ya en el viento.
Mas luego, vida, vi cómo llorabas,
entre mis brazos y que me besabas.

Mujer en camisa

Te amo así, sentada,
con los senos cortados y clavados en el filo,
como una transparencia,
del espaldar de la butaca rosa,
con media cara en ángulo,
el cabello entubado de colores,
la camisa caída
bajo el atornillado botón saliente del ombligo,
y las piernas,
las piernas confundidas con las patas
que sostienen tu cuerpo
en apariencia dislocado,
adherido al journal que espera la lectura.
Divinamente ancha, precisa, aunque dispersa,
la belleza real
que uno quisiera componer cada noche.

Ven, ven, así, te beso...

Ven. Ven. Así. Te beso. Te arranco. Te arrebato. Te compruebo en lo oscuro, ardiente oscuridad, abierta, negra, oculta derramada golondrina, oh tan azul, de negra, palpitante. Oh así, así, ansiados, blandos labios undosos, piel de rosa o corales delicados, tan finos. Así, así, absorbidos, más y más, succionados. Así, por todo el tiempo. Muy de allá, de lo hondo, dulces ungüentos desprendidos, amados, bebidos con frenesí, amor hasta desesperados. Mi único, mi solo, solitario alimento, mi húmedo, lloviznado en mi boca, resbalado en mi ser. Amor. Mi amor. Ay, ay. Me dueles. Me lastimas. Ráspame, límame, jadéame tú a mí, comienza y recomienza, con dientes y garganta, muriendo, agonizando, nuevamente volviendo, falleciendo otra vez, así por siempre, para siempre, en lo oscuro, quemante oscuridad, uncida noche, amor, sin morir y muriendo, amor, amor, amor, eternamente.

Tomás Segovia

*P*oeta, dramaturgo, novelista y traductor nacido en Valencia, España, en 1927. A los nueve años de edad emigró con su familia a Francia, luego a Marruecos y posteriormente a México, su país de adopción, donde residió la mayor parte de su vida. Publicó sus primeros poemas en 1950 obteniendo una beca Guggenheim. Fue profesor de la Universidad de Princeton y director de importantes revistas americanas y europeas. Ha escrito una veintena de libros de poesía entre los que se cuentan: "La luz provisional", en 1950; "Apariciones", en 1957; "Cuaderno del nómada", en 1978; "Cantata a solas", en 1985; "Lapso", en 1986; "Noticia natural", en 1992, y finalmente en 1996, "Fiel imagen".

Encarnaciones

Hundido el rostro en tu cabello, aspiro
el sofocante aliento de la noche
que allí estancado humea y flota como el sueño.
Todo el inmenso espacio pesadamente yace
sobre esta tibia tierra adormecida,
sobre el cuarto y el lecho y nuestros miembros,
y la casi secreta agitación
que mueve nuestros pechos.
No respiramos aire, respiramos silencio;
un gran silencio inmóvil
que cubre nuestra piel desnuda
como oscuros aceites.
Y de pronto,
siento que mi ternura me desborda y anega,
que también con la sombra te acaricio,
y te abrazo también con el espacio,
y te rozo los labios con el aire;
que toda esta solícita violencia
es también este vasto silencio conmovido
que arrojado de bruces encima de nosotros
se asoma a nuestro amor,
y lo recorre entero un estremecimiento,
sollozo cálido, ala del destino.

En brazos de la noche

Está ya oscurecida la hermosura;
los árboles desnudos
se mecen en la sombra,
y un gran silencio vela suspendido.

En brazos de la noche
se guarda y perpetúa la promesa del día,
la prometida plenitud del día
que cumple en sólo prometerse
un don que nos inclina,
y nos fuerza, y nos basta.

De noche la hermosura a solas habla;
a solas en el aire solo
late oculto el ardor de su promesa
sin cesar renovada.

Y a través de la noche,
desde el oscuro fondo de su entraña,
nos guía y acompaña
heridos de esperanza, al nuevo día,

nuevamente a cumplir bajo el sol nuevo
su plenitud igual y suficiente
de prometida nuestra sin fin, siempre la misma.

Soplos en la noche

Aquí contra mi piel el soplo
　　de tu respiración dormida
Y al otro lado afuera
El susurro del viento errante por la noche
Que trae de los trasfondos la efusión solitaria
Del tumulto callado de las cosas
Y entre uno y otro soplo
Con las alas abiertas cayendo por el tiempo
La extensión del abrazo
　　de un dichoso yo mismo de musical ausencia
Que bebe un hondo río de amor y de misterio
Cuyas dos manos son
Dos alientos disímiles.

En las fuentes

Quien desteje el amor
Ése es quien me desteje
No es nadie
El amor se deshace solo
Como la trenza del río
     destrenzada en el mar
No estoy de amor tejido
Estoy tejido de tejerlo

De sacar de mis íngrimos telares
Este despótico trabajo
Eternamente abandonando
     el fleco que se aleja
A la disipación y su bostezo idiota
Y sólo escapo de su horror
Recogiéndome todo sin recelo
En el lugar donde nace la trama.

La semana sin ti

Quisiera haber nacido de tu vientre,
haber vivido alguna vez dentro de ti,
desde que te conozco soy más huérfano.
¡Oh! gruta tierna,
rojo edén caluroso.
¡Qué alegría haber sido esa ceguera!
Quisiera que tu carne se acordara
de haberme aprisionado,
que cuando me miraras
algo se te encogiese en las entrañas,
que sintieras orgullo al recordar
la generosidad sin par con que tu carne
desanudaste para hacerme libre.
Por ti he empezado a descifrar
los signos de la vida,
de ti quisiera haberla recibido.

Tus pechos se dormían en sosiego

Tus pechos se dormían en sosiego
entre mis manos, recobrando nido,
fatalmente obedientes al que ha sido
el amor que una vez los marcó al fuego;

tu lengua agraz bebía al fin el riego
de mi saliva, aún ayer prohibido,
y mi cuerpo arrancaba del olvido
el tempo de tu ronco espasmo ciego.

Qué paz... Tu sexo agreste aún apresaba
gloriosamente el mío. Todo estaba
en su sitio otra vez, pues que eras mía.

Afuera revivía un alba enferma.
Devastada y nupcial, la cama olía
a carne exhausta y ácida y a esperma.

Tu carne olía ricamente a otoño

Tu carne olía ricamente a otoño,
a húmedas hojas muertas, a resinas,
a cítricos aceites y a glicinas
y a la etérea fragancia del madroño.

Hábil como una boca era tu coño.
Siempre había, después de tus felinas
agonías de gozo, en las divinas
frondas de tu deseo, otro retoño.

Te aflojabas de pronto, exangüe y yerta,
suicidada del éxtasis, baldía,
y casta y virginal como una muerta.

Y poco a poco, dulcemente, luego,
absuelto por la muerte renacía
tu amor salvaje y puro como el fuego.

Y sin embargo, a veces, todavía...

Y sin embargo, a veces, todavía,
así de pronto, cuando te estoy viendo,
vuelvo a verte como antes, y me enciendo
del mismo modo inútil que solía.

Y me pongo a soñar en pleno día,
y reprocho al destino, corrigiendo,
como los locos, lo que fue; y no entiendo
cómo no pude nunca hacerte mía.

E imagino que anoche me colmaste
de placeres sin nombre, y que esa chispa
perversa y de ternura en tu mirada

prueba que lo otro es nada —que gozaste,
que a ti también este limbo te crispa,
¡que al fin te di el orgasmo! — y lo otro es nada.

Desnuda aún, te habías levantado

Desnuda aún, te habías levantado
del lecho, y por los muslos te escurría,
viscoso y denso, tibio todavía,
mi semen de tu entrada derramado.

Encendida y dichosa, habías quedado
de pie en la media luz, y en tu sombría
silueta, bajo el sexo relucía
un brillo astral de mercurio exudado.

Miraba el tiempo absorto, en el espejo
de aquel instante, una figura suya
definitiva y simple como un nombre:

mi semen en tus muslos, su reflejo
de lava mía en luz de luna tuya
alba geológica en mujer y hombre.

Entre los tibios muslos te palpita...

Entre los tibios muslos te palpita
un negro corazón febril y hendido
de remoto y sonámbulo latido
que entre oscuras raíces se suscita;

un corazón velludo que me invita,
más que el otro cordial y estremecido,
a entrar como en mi casa o en mi nido
hasta tocar el grito que te habita.

Cuando yaces desnuda toda, cuando
te abres de piernas ávida y temblando
y hasta tu fondo frente a mí te hiendes,

un corazón puedes abrir, y si entro
con la lengua en la entrada que me tiendes,
puedo besar tu corazón por dentro.

Qué sabes tú...

¿Qué sabes tú, qué sabes tú apartada
injustamente en tu cruel pureza;
tú sin vicio, sin culpa, sin bajeza,
y sólo yo lascivo y sin coartada?

Rompe ya esa inocencia enmascarada,
no dejes que en mí solo el mal escueza;
que responda a la vez de mi flaqueza
y de que tú seas hembra y encarnada;

que tengas tetas para ser mordidas,
lengua que dar y nalgas para asidas
y un sexo que violar entre las piernas.

No hay más minas del Bien que las cavernas
del Mal profundas; y comprende, amada,
que o te acuestas conmigo o no eres nada.

Si te busco y te sueño y te persigo...

Si te busco y te sueño y te persigo,
y deseo tu cuerpo de tal suerte
que tan sólo aborrezco ya la muerte
porque no me podré acostar contigo;

si tantos sueños lúbricos abrigo;
si ardiente, y sin pudor, y en celo, y fuerte
te quiero ver, dejándome morderte
el pecho, el muslo, el sensitivo ombligo;

si quiero que conmigo, enloquecida
goces tanto que estés avergonzada,
no es sólo por codicia de tus prendas:

es para que conmigo, en esta vida,
compartas la impureza, y que manchada,
pero conmovedora, al fin me entiendas.

Contenido

TÍTULOS DE ESTA COLECCIÓN

Poesía Mexicana Amorosa.
Antología

Poesía Universal Amorosa.
Antología

Todo el Amor de Neruda.

Todo el Amor en Poemas (Ellas).
Antología

Todo el Amor en Poemas (Ellos).
Antología

Esta obra se terminó de imprimir en enero del 2005 en
Litográfica Ingramex, S.A. de C.V.
Centeno 162-1, Col. Granjas Esmeralda
México. D.F.

Certificado No. 02-2082